U0512630

中国技能溢价的演变及其影响因素研究

——基于需求-供给-制度的逻辑框架

The Evolution of Skill Premium in China and Its Causes—Based on the Logical
Framework of Demand-Supply-Institution

中国财经出版传媒集团

经济科学出版社
Economic Science Press

图书在版编目（CIP）数据

中国技能溢价的演变及其影响因素研究：基于需求—供给—制度的逻辑框架／姜雪著．—北京：经济科学出版社，2021.3

ISBN 978 - 7 - 5218 - 2376 - 9

Ⅰ.①中…　Ⅱ.①姜…　Ⅲ.①人力资本 - 研究 - 中国
Ⅳ.①F249.21

中国版本图书馆 CIP 数据核字（2021）第 027780 号

责任编辑：初少磊　杨　梅
责任校对：孙　晨
责任印制：范　艳　张佳裕

中国技能溢价的演变及其影响因素研究
——基于需求—供给—制度的逻辑框架
姜　雪　著
经济科学出版社出版、发行　新华书店经销
社址：北京市海淀区阜成路甲 28 号　邮编：100142
总编部电话：010 - 88191217　发行部电话：010 - 88191540
网址：www. esp. com. cn
电子邮箱：esp@ esp. com. cn
天猫网店：经济科学出版社旗舰店
网址：http://jjkxcbs. tmall. com
北京季蜂印刷有限公司印装
710 × 1000　16 开　11.25 印张　180000 字
2021 年 4 月第 1 版　2021 年 4 月第 1 次印刷
ISBN 978 - 7 - 5218 - 2376 - 9　定价：48.00 元
（图书出现印装问题，本社负责调换。电话：010 - 88191510）
（版权所有　翻印必究　举报电话：010 - 88191586
电子邮箱：dbts@ esp. com. cn）

前言

　　十九届四中全会将收入分配制度上升为国家的基本经济制度，收入分配问题不仅关系到居民生活品质的提升，又对构建强大国内市场、形成新发展格局具有重要影响。工资收入是普通劳动力收入的主要来源，合理的工资分配制度有利于激发劳动力工作的积极性，稳定劳资关系和确保经济的长期平稳发展。因此，对收入分配中的工资收入分配问题进行研究具有重要意义。但是，从已有文献来看，大多数学者对我国存在的工资不平等问题的研究主要集中于城市与农村之间、沿海和内陆之间，以及不同的企业所有制之间的工资不平等，对于不同技能劳动力之间工资差距的研究则相对较少。

　　国外学者将不同技能劳动力之间的工资差距表示为技能溢价，技能溢价作为收入分配不平等的一个方面早在 20 世纪 90 年代就引起了经济学家们的关注，尤其是针对欧美等发达国家。在国内关于这方面的研究并不是很丰富，本书利用 CHNS 数据，从需求、供给和制度三个方面对中国的技能溢价成因进行了研究，通过理论分析和实证检验，主要得出以下五点结论。

　　第一，自 20 世纪 90 年代初开始，中国便出现了劳动力平均受教育水平的提高与技能溢价同时并存的现象，尤其是自 1999 年高等教育扩招之后，大学劳动力供给的增加并没有降低技能溢价，反而使之提高。与此同时，农业劳动力的转移给非农业以及城镇劳动力市场注入更多的非技能劳动力。中国劳动力市场上出现了一种特殊现象，就是技能劳动力和非技能劳动力供给同时增加，与之相伴的是技能溢价的上涨。通过国际比较分析可以看出来中国的技能溢价变化与其他国家的变化有所不同，呈现出波动式上涨的趋势。

　　第二，从整个经济层面而言，中国存在技能偏向型技术变化。如果将整体经济部门划分为技能劳动力密集型部门和非技能劳动力密集型部门进行分析的时候则会出现技能劳动力密集型部门的技术进步增加了该部门对于技能劳动力的需求，但是非技能劳动力密集型部门的技术进步则不会增加该部门对于技能劳动力的需求。因此，可以得出结论认为，在中国只有技能劳动力密集型部门存在技能偏向型技术进步，如电力、热力、燃气及水生产和供应业、金融业和房地产业等。非技能劳动力密集型部门并不存在技能偏向型技术进步，如农、林、牧、渔业以及制造业等。这也可以解释为什么大量的农业劳动力转移到城镇劳动力市场之后，中国的技能溢价并没有出现太大幅度的波动，因为非技能劳动力密集型部门的技术进步并没有增加对于技能劳动力的需求，这些部门所需要的还是那些非技能劳动力，也就是说，非技能劳动力的供给与需求均在增加，故而其工资水平不会大幅度的下跌，从而不会对技能溢价产生太大影响，而技能劳动力密集型的部门增加了对技能劳动力的需求，从而会增加他们的工资水平，对技能溢价的增加产生一定的影响。

　　第三，在封闭经济条件下，发生技能偏向型技术变化的时候，短期内劳动力的相对供给并不会发生变化，因而会增加对技能劳动力的相对需求。由于假设劳动力市场是完全竞争的，从而会提高技能劳动力的相对工资，也就是提高技能溢价。从长期来看，由于技术进步会呈现日新月异的变化，技能偏向型技术变化增长的速度要快于劳动力增长的速度，这就导致即使技能劳动力的相对供给增加，技能劳动力的工资也会上涨，从而提高技能溢价。也就是说，在封闭经济条件下，不论长期还是短期，若不考虑其他的影响因素，技能偏向型技术变化的发生都会提高技能溢价。值得注意的是，技能劳动力相对需求的增加是通过其对非技能劳动力的替代而发生的，这种替代有两种途径：一种是由于引进技能偏向型技术进步，原先由非技能劳动力进行的工作现在被技能劳动力所替代，从而增加了对技能劳动力的需求；另一种则是那些由非技能劳动能力生产的产品被技能劳动力生产的产品所替代，其替代弹性越大，则对于技能劳动力的需求也就越多，从而技能溢价上涨得越快。虽然 H－O－S 定理可以部分地解释发达国家出现的技能溢价现象，但是对于发展中国家出现的技能溢价现象解释能力则相对弱很多。在全球化迅速发展的今天，贸易自由化主要通过各种贸易方式对发展中国家的偏向型技术变化和劳动力的相对需求产生影响因而影响其技能溢价水平，而不是单独对技能溢价产生影响。在贸易开放的情况下，冰山贸易成本的减少并不会对中国的技能溢价产生显著的影响，这与目前已有的对于发达国家的研究得出的结论是不一样的。另外，进口资本设备的增加会提高中国的技能溢价，这是由于在中国，技能劳动力密集型部门存在技能偏向型技术进步，所以进口资本设备会增加该部门对于技能劳动力的需求，在其他条件不变的情况下也会增加整个经济体对于技能劳动力的需求。因此，增加进口总额占进出口总额的比重对技能溢价有一定的解释力，这说明在中国，贸易开放程度的增加会影响技能溢价的。

第四，高等教育扩招对技能溢价的影响主要通过人力资本效应和劳动力市场信号效应。增加政府对农业部门的教育支出将会使得该部门技能劳动力增长速度加快。因此，伴随着农业劳动力的自由流动，城镇部门的技能劳动力数量将会增加，对于整个经济体而言，政府对农村部门教育支出的增加将会是一种帕累托改进。通过实证分析发现，在控制其他变量的情况下，高等教育的扩招对技能溢价的影响是负向的，即便不控制其他变量，高等教育扩招对技能溢价的影响也不如农业劳动力转移大，这说明高等教育扩招并没有拉大不同技能劳动力之间的工资差距，而大量的农业剩余劳动力转移到非农业部门以及城镇劳动力市场则对不同技能劳动力之间的工资差距产生影响。这从实证上印证了本书关于农业劳动力转移对技能溢价影响的作用机理。故而，政府应该加大对农村劳动力的教育投入力度，提高农业剩余劳动力的技能水平，从而使得不同技能劳动力之间的工资差距缩小。

第五，最低工资标准的实施对不同经济发展水平地区的不同技能劳动能力的工资水平会产生不同的影响。例如，1997 年，黑龙江省的技能劳动力受最低工资标准影响的比例要高于非技能劳动力，而其他省份则表现出最低工资标准对技能劳动力的影响相对较弱的现象。但是随着经济的发展和社会的进步，技能劳动力中受到最低工资标准影响的人数比例都要远远小于非技能劳动力；分位数回归结果表明，最低工资标准对技能劳动力和非技能劳动力工资都会产生强烈的影响，因此，仅从分位数回归不能看出最低工资标准的实施对技能溢价产生何种影响；同时，本书使用准实验模型的 DID 分析表明，在短时间内，最低工资标准的实施对不同技能劳动力的工资水平并不会有什么影响，而从上期的角度来看，最低工资标准的实施有利于减少我国的技能溢价水平，并且发挥着越来越重要的作用。

本书的创新点主要包括以下三点。

一是研究视角的创新。首先，从已有研究技能溢价的文献来看，目前还未见到有文献从需求—供给—制度的角度综合分析中国技能溢价演变成因的，本书在需求—供给—制度的逻辑框架下分析中国技能溢价的演变成因弥补了这一缺陷。其次，在分析技能偏向型技术变化存在性的时候，从技能劳动力密集型行业和非技能劳动力密集型行业的角度进行分析，而不是笼统地从整个经济体的层面或者从整个制造业层面进行分析，这无疑是研究技能偏向型技术变化存在性检验的一个创新之处。最后，从已有文献研究发现，将农业劳动力转移、大学生扩招对不同受教育群体的工人之间的工资差异的影响相结合进行研究的文献不是很多，因为这一现象是我国特有的现象，对这一现象的分析无疑具有重要的理论意义和现实意义。虽然国内目前有很多研究农业劳动力转移对收入不平等的影响，但是他们主要是从收入的角度而非工资的角度进行分析，另外，很少有学者将高等教育扩招与农业剩余劳动力转移对工资的影响相结合进行分析，因而这是一种研究视角的创新。

二是研究方法的创新，目前国内已有的针对不同群体间工资差异的研究主要从不同性别、所在企业的不同性质以及不同户籍等方面进行的，而且研究的方法大多是用分位数回归、Oaxaca－Blinder 分解等，本书在分析制度因素对技能溢价影响的时候，不仅使用分位数回归进行分析，同时使用了模拟 DID 进行分析，弥补这一方面的缺陷。

三是理论应用的创新。本书尝试着运用基础理论分析解释偏向型技术变化、国际贸易对技能溢价的影响。本书拓展了传统的 H－O－S 模型，将之适用于中国的情况并利用中国的数据进行实证检验，这在以往的文献研究中相对较少。

目
录
Contents

第一章

导　论

第一节　研究背景与意义

一、研究背景

　　收入分配问题是关系国家稳定和经济发展的重要方面，收入分配格局优化调整是促进经济社会高质量发展和加快建设现代化经济体系的内在要求，是全面实现现代化的应有之义。党的十九届四中全会首次将收入分配制度上升为我国的基本经济制度，同时提出要增加劳动力特别是一线劳动力报酬，提高劳动报酬在初次分配中的比重。将收入分配制度作为社会主义基本经济制度重要组成部分，充分说明国家高度重视收入分配制度的完善和收入分配格局的优化。

　　改革开放四十多年来，中国现代化建设步伐不断加快，并且已经取得了一定的成就。目前中国人均 GDP 已经跨过 1 万美元，正处于全面建成小康社会的决胜期，处于跨越"中等收入陷阱"、从中等收入国家向中高收入国家迈进的关键期。中国新型工业化、信息化、城镇化、农业现代化快速发展，具有全球最完整、规模最大的工业体系、强大的生产能力、完善的配套能力，具有 4 亿多人的中等收入群体。但与此同时，收入分配问题凸显，尤其是近年来，"中产焦虑"情绪蔓延，这与当前我国收入分配现状及存在的一些问题息息相关。1978 年，城镇居民人均可支配收入与农村居民的人均可支配收入比值为 2.57，2019 年仍然高达 2.64，最高时的

2013 年则高达 2.81。全国居民收入基尼系数自 2003 年开始一直在 0.45 以上高位徘徊，2008 年最高时达到 0.49，到 2018 年时仍然高达 0.468，远超国际警戒线的 0.4。而在改革开放初期，我国农村和城镇居民的基尼系数均低于 0.3。[①]

　　工资收入是居民收入的主要来源，2019 年，全体居民可支配收入中有 56% 来源于工资性收入，这一比例在城镇居民中高达 60%。[②] 近几年随着城镇化建设步伐的加快，农村住户中工资收入占可支配收入的比重也在逐渐提高，从 2013 年的 38.7% 提高到 2019 年的 41%，[③] 未来这一比例还将不断提高。因而研究工资差距问题对于深入分析和探讨收入分配差距的形成因素无疑具有重要的理论意义和现实意义。不可否认的是，目前中国劳动力市场上存在着多种形式的工资差距，如不同行业、不同区域以及不同受教育水平的劳动力之间的差距均在逐步扩大。在市场经济体制下，劳动力的工资收入不仅反映出不同劳动力的人力资本情况，同时也反映出劳动力市场的供给与需求的变化情况。工资收入差距的扩大反映出劳动力不同的人力资本水平回报的差距，这种差距越大，表明劳动力之间的人力资本水平的差距越大。合理的工资分配制度有利于激发劳动力工作的积极性，稳定劳资关系和确保经济的长期平稳发展。因此，对目前中国收入分配中的工资收入分配进行研究具有重要的现实意义和政策含义。到目前为止，大多数学者对中国存在的工资不平等问题的研究主要集中于城市与农村之间、沿海和内陆之间以及不同的企业所有制之间的工资不平等，但是对于不同技能劳动力之间的工资差距的研究则相对较少。不可否认的是，中国劳动力市场近年来出现了一种相互矛盾的现象：首先，随着高等教育的扩招，更多接受大学及以上教育的劳动力进入劳动力市场，增加了接受高水平教育的劳动力的供给；其次，户籍制度限制的放宽以及农业生产率的提高，很多劳动力从农业中释放出来，这使得更多的从事农业的劳动力进入非农劳动力和城镇劳动力市场，然而这些劳动力大都是接受较低水平的教育，因而增加了接受较低教育水平的劳动力的供给；最后，这两种类型的

---

　　①②③　数据根据《2020 年中国统计年鉴》计算得到。

劳动力工资增长出现差距拉大的现象，也就是获得大学及以上教育水平的劳动力的工资增长要快于那些没有接受大学教育的劳动力。这种现象对于社会的稳定发展产生重要的影响，加之近几年"机器换人"现象频发，一些劳动力密集型制造企业迫于成本压力采取机器人替代低技能劳动力的策略，低技能劳动力与高技能劳动力工资差异将会趋于扩大。因此，研究产生这一现象的原因有着更为深刻的现实意义。

自 20 世纪 70 年代末开始，美国便出现拥有大学文凭的工人同仅有高中文凭的工人工资之比出现上涨的趋势，经济学界称之为技能溢价。很多学者将拥有大学及同等文凭的劳动力称为技能劳动力（或高技能劳动力），而将仅有高中文凭及以下的劳动力称之为非技能劳动力（或低技能劳动力），并以技能溢价来分析不同受教育水平的劳动力之间的工资不平等现象。在市场经济条件下，工资作为对劳动力的回报，是劳动力工作的价格，因此工资的多寡在一定程度下受到其供给和需求的影响。中国自 1999 年高等教育扩招以来，技能劳动力的供给在逐渐增加。20 世纪 90 年代初户籍制度逐步放开，农村劳动力涌入城镇劳动力市场。由于农村劳动力大多仅拥有小学或者初中文凭，拥有大学文凭的一般是通过大学扩招进入劳动力市场的，很少拥有大学文凭的农村劳动力是随着户籍制度的放宽而从农业部门转移到非农业部门的。因此，农业剩余劳动力的跨部门和向城镇劳动力市场转移无疑增加了劳动力市场上的非技能劳动力的供给。如图 1-1 所示，中国的技能溢价在 1990 年仅为 0.05，此后开始逐年上升，在 2005 年的时候达到近二十年来的最高值，为 0.59。2008 年出现小幅度的回落，但是 2010 年时又提高到 0.56，即使 2014 年小幅下降，也高达 0.49。

事实上，伴随着上述的技能劳动力和非技能劳动力供给的同时增加，中国于 2001 年加入世界贸易组织（WTO），贸易逐步开放，国外机器设备进口的增加等都无疑增加了对技能劳动力的需求，而制造业部门出口的扩大（尤其是低端制造业）则增加了对于非技能劳动力的需求。这些外生因素对于中国接受不同教育水平的劳动力工资差异是否会产生影响，如果答案是肯定的，那么影响有多大，其影响机制是什么，同时由于目前中国仍处于社会主义初级阶段，制度层面的因素对劳动力市场也会产生一定的影响，如教育政策、税收政策以及最低工资制度等，这些因素对技能溢价的影响又是什么，这些都是亟待研究的问题。

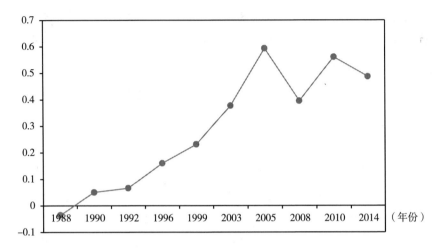

图1-1 大学教育工人与高中及以下工人工资之比对数

注：值得说明的是，CHNS 所调查的数据包括收入和工资，因为这里重点讨论的是技能溢价的情况，因此参照已有的研究，采用工资数据。

资料来源：由 CHNS（China Health and Nutrition Survey）调研数据整理计算得到。

目前对于技能溢价的研究主要集中在发达国家和少数发展中国家，其成因的分析则主要集中于技能偏向型技术变化、国际贸易以及其他制度方面的因素。而对于中国技能溢价的研究文献则很少。因此，本书将首先论证中国是否同其他国家一样存在技能溢价，如果存在，就需要进一步通过经济理论模型论证技能溢价的影响因素，并通过定量分析评估不同的影响因素对其变化的影响路径和影响程度，以期为经济政策的制定者提供一定的理论依据和事实依据。

二、研究意义

目前关于技能溢价的研究主要集中在美国和经济合作与发展组织（OECD）国家、拉丁美洲国家和少数东南亚国家，关于中国的技能溢价的研究还比较欠缺，利用微观数据进行研究的则更少。并且大多数的研究主要讨论技术变化或者国际贸易等单个因素对技能溢价的影响，很少有学者能够同时考虑供给和需求两个方面。一方面，中国作为世界第一人口大国以及第二大经济体，自 2004 年开始的农民工工资上涨的现象似乎并没有降低中国的技能溢价，反而出现技能溢价上涨的趋势。这一现象的出现对于中国的劳动力市场结构产生了冲击，对于发达国家在中国的很多跨国公司，尤其是制造业部门更是产生不小的冲击。另一方面，中国在 1999 年高等教育扩招以后，劳动力市场上的大学生供给迅速增加，由此导致目前大学生就业难的问题开始出现，但是供给增加、就业难并没有降低技能溢价，反而出现了技能溢价提高的现象。

另外，中国自 2001 年加入 WTO 以后，贸易开放程度逐步增加，一直保持着贸易顺差，并且在国际市场上的份额越来越大，但是这样的份额主要表现在较低级的制造业出口的增加。众所周知，这样的制造业部门需要的一般是非技能劳动力，这与传统的 H-O-S 理论的预测是相悖的。传统的 H-O-S 理论预测技能劳动力充裕的发达国家在贸易开放以后其技能溢价会提高，而非技能劳动力充裕的发展中国家在贸易开放以后技能溢价会下降。如何解释中国这一特殊的现象对于研究技能溢价的相关理论是必要的补充。

本书的主要理论价值便在于为解释这一现象提供相关的理论依据，从而更加丰富对于这一问题的研究。

充分理解和解释中国目前存在的似乎与传统的技能溢价的理论相悖的原因对于国家制定相关的政策具有重要的指导意义。首先是教育方面的政策，高等教育扩招导致劳动力市场上拥有较高学历的劳动力增加，但是目前还存在着大学生就业难的问题。与此同时，如果技能溢价持续提高，那就可能存在这样的问题：劳动力市场上拥有大学及以上文凭的劳动力期待的工资水平可能较高，这导致他们不愿意从事工资水平较低的工作，是专业所学与劳动力市场需求不匹配还是大学生自身的原因，需要国家对相关政策进行调整。其次是农业剩余劳动力的转移政策，农业剩余劳动力由农业部门转移到非农业部门，导致城镇劳动力市场上非技能劳动力的供给的增加，但是中国制造业的迅速发展增加了对这些劳动力的需求。如果是技能溢价在提高，那么是由于非技能劳动力的供给和需求机制在发挥主导作用还是劳动力市场上其他力量在发生作用，本书研究将会对此进行分析。由此可以为国家在这方面的政策提供理论依据。最后是各个地区的最低工资标准每年都在变化，最低工资标准的提高可能会导致那些非技能劳动力密集的企业成本提高，两相权衡之下可能会减少对这类非技能劳动力的需求而使用机器替代（本书后面将会阐明机器是作为厂商的资本的一个方面）。在中国，是否存在这种资本—技能替代效应和互补效应，如果存在这两种效应，最低工资制度的实施对于不同技能劳动力的需求会产生多大的影响，这些都是值得思考的问题。

第二节　研究内容和研究方法

一、研究内容

（一）中国工资收入差异以及技能溢价的演变分析

衡量工资差异的指标有很多，包括基尼系数、方差、分位数等。本书将结合现有数据，利用劳动力工资的方差、90%～50%分位数差以及50%～10%分位数差，从总体上、分不同的受教育水平分析我国劳动力工资不平等的现状，从而为下面分析技能溢价的演变奠定坚实的基础。但是由于中国的特殊情况，1999年以来的高等教育扩招增加了技能劳动力的供给，农业劳动力的转移增加了城镇劳动力市场上的非技能劳动力的供给，因此，本书在分析技能溢价的演变之前将先分析我国技能劳动力和非技能劳动力的相对供给情况。

（二）中国技能偏向型技术变化的存在性检验

早期对于技能偏向型技术变化的研究始于20世纪80年代，但当时的研究都假设技能偏向型技术变化是外生的。在这一时间，美国和欧洲的劳动市场上出现了高技能劳动力供给相对增加并且技能溢价上升的结构性变化趋势，很多学者将之归因于技能偏向型技术变化的发生。技能偏向型技术变化假设要素生产率的提高会引致厂商对于高技能劳动力的需求的增加，此后的研究认为技能偏向型技术变化还产生于影响其他生产要素使用的科技进步，资本—技能互补则是这种机制的一个典型，已经有很多学者为此做了大量的分析，包括理论和实证方面的分析（Krusell et al.，2000；Falk & Koebel，2004）。

阿西莫格鲁（Acemoglu，2003）发展了一个内生技术变化和技能溢价的模型，在这个模型里，科技的变化是内生的，而不是早期学者分析的外生的技术变化。在内生技术变化的情况下，技能劳动力供给的增加（如由于教育政策的变化所导致的）引起了技能溢价在短期内的下降和长期内的上涨，也就是说，在这种情况下，因为普通意义上的供给—需求机制，技能劳动力相对供给的增加首先会引起技能溢价的下降。

目前学术界对技能偏向型技术进步的检验主要利用欧美等发达工业化国家的数据进行的，对于发展中国家的分析和检验则比较少。但是应当指出，由于经济发展水平和资源禀赋的差异，不同国家技术进步呈现出多样性和阶段性的特征。例如，已有研究认为欧美发达国家呈现出与技能劳动力互补的关系，也就是技术进步与技能劳动力之间是互补的，该技术进步是偏向于技能劳动力的（Bratti & Matteucci，2004）。而印度作为发展中国家，其制造业中的技术进步和技能就表现出相互替代的特征，也就是说，在印度的制造业中，其技术进步并不是偏向于技能劳动力的（Berman et al.，2003）。同时，斯蒂格列茨（Stiglitz，2004）指出，经济发展的问题应该建立在一国特定经济环境和经济结构的基础上，经济体如同生物体有着复杂的个性特征，体内要素的发展和经济增长都应对每一个个体逐一进行剖析（Sarchs，2005）。而目前对于中国是否存在技能偏向型技术变化的研究则更少，宋冬林（2010）通过改革开放以来中国的相关数据分析，认为中国存在技能偏向型技术变化，并且进一步将技术进步细分为中性、非中性和资本体现式的技术进步，认为不同类型的技术进步都呈现出技能偏向性特征，特别是当期资本体现式技术进步比中性技术进步对技能型劳动力的需求更大，资本体现式技术进步在当期与技能需求互补性关系更显著。成艾华（2012）利用中国工业行业的调研数据，对全部工业和大中型工业技能劳动力就业份额变化进行分解，结果表明工业就业结构的技能升级的主导因素是细分行业内技能劳动力就业份额的变化，而不是细分行业之间技能劳动力就业份额的变化，通过数据表明技术进步与技能劳动力就业份额之间存在显著的正相关关系，因而得出结论认为 20 世纪 90 年代以来，中国工业行业已经出现了技能偏向型技术变化，并且还推动了就业结构的技能升级。

因此，本书将按照行业所使用的技能劳动力的比重将国民经济划分为两个部门：技能劳动力密集型部门和非技能劳动力密集型部门，分别从总体上和分部门两个方面分析我国是否存在技能偏向型技术变化。

（三）偏向型技术变化对技能溢价的影响

目前学术界已有的研究将技能溢价主要归因为技能偏向型技术变化和国际贸易，在前面分析的基础上，本书将分析封闭经济条件下技能偏向型技术变化对技能溢价的影响，为了简化分析，将构建一个两部门模型，分析技能偏向型技术变化对技能溢价的影响。

（四）贸易开放对技能溢价的影响

自 2001 年中国加入 WTO 以来，贸易开放程度不断深化，在已有的研究技能溢价的文献中，贸易开放也是影响技能溢价的一个重要因素。但是传统的 H-O 理论已经不能够解释发展中国家存在的技能溢价现象。因此，本书将在扩展的 H-O-S 模型的框架下分析贸易开放对技能溢价的影响。

（五）高等教育扩张对我国技能溢价的影响

自 1999 年以来，我国高等教育持续扩张，根据劳动力市场供需的工资决定理论，大学毕业生供给的增加，在需求不变的情况下，将会导致其工资的下降，但是通过已有的统计数据可以发现，作为技能劳动力的大学毕业生的工资并没有下降。已有的研究表明高等教育扩招对劳动力的工资产生影响主要通过两个途径：人力资本效应和劳动力市场的信号效应，如何厘清这两种机制对技能溢价的影响至关重要。因此，本书将在分析高等教育扩招对技能溢价的影响过程中，通过理论分析高等教育扩招如何对技能溢价产生影响，然后利用计量模型进行检验分析。

（六）农村劳动力向城市转移对中国技能溢价的影响

同高等教育扩招对技能溢价的影响分析类似，作为非技能劳动力的农业劳动力转移到城镇劳动力市场之后，增加了城镇劳动力市场上非技能劳动力的供给。因此，本书将在修正的刘易斯模型的基础上，构建一个二元经济模型，分析农业劳动力转移对技能溢价的影响。

（七）最低工资制度对中国技能溢价的影响

众所周知，最低工资制度对收入分配效应具有较强的影响，那么技能溢价作为收入分配不平等的一个方面，最低工资制度对技能溢价将会产生什么影响，已有的研究并没有从这方面进行分析。本书将在前面分析的基础上，分析最低工资制度对不同技能劳动力的工资差距的影响，然后通过DID模型分析其如何产生影响以及产生的影响的程度。

（八）基于以上的研究结论从不同的视角为政府、厂商、个体家庭提出相应的政策建议

本书将结合以上几个方面的研究结果以及国际间的比较，为政府、厂商、家庭和个人分别提出相应的政策建议。首先，对政府而言，在城镇劳动力市场上存在着显著的技能溢价现象，因而加大教育投入，让更多的农村孩子接受更高等的教育是缩小收入差距不变的方向。其次，就目前中国大学生失业的状况而言，存在的是文凭与工作不匹配的现象。因而，作为教育部门，应该及时制定相应的培养方案以适应不断变化和升级的产业结构，从而为经济的发展提供充足的后备军。再次，对于家庭和个人而言，应该理性选择家庭成员所应该接受的教育类型。最后，为协调区域发展、构建和谐社会，从教育的视角提出相应的政策建议。

二、研究方法

对于技能溢价的研究是一项综合运用劳动经济学、宏观经济增长理论

以及计量经济学、数理经济学等方法的综合研究。具体而言，本书主要运用以下经济学研究方法来进行分析。

第一，实证分析和规范分析相结合的方法。作为现代经济学的最基本的方法，实证分析和规范分析都将会在本书中充分地体现出来。实证分析将依据中国技能溢价变化的基本事实、技术变化的方向、国际贸易的发展、劳动力转移情况、大学生扩招以及最低工资标准的变化，厘清它们之间的关系，分析中国是否存在技能偏向型技术变化以及目前存在的大学生就业难、"民工荒"与技能溢价并存的现象。本书在进行相关的指标选取以及结合实证分析进行的政策建议方面将会用规范分析的方法进行分析，并给出相应的对策建议。

第二，定性分析与定量分析相结合。定性分析揭示事物的规定性及其本质属性，探析能将事物区分开来的矛盾的特殊性，把人类的研究活动归纳为一个从现象到本质的认识过程；定量分析则是对社会现象的数量特征、数量关系和数量变化进行分析的一种方法。其作用在于揭示和描述社会现象的相互作用和发展趋势。在本书分析的过程中，将定性分析与定量分析相结合，如在第三章中不仅利用定性分析中国技能溢价的存在性，还结合相关的数据，使用描述分析统计分析的方法分析其存在性。第四章、第五章和第六章中也是利用定性分析和定量分析相结合的方法，通过建立理论模型、变量选取，最终结合我国的经验研究进行综合分析。

三、研究思路和技术路线图

本书内容共分为八章。

第一章是导论。主要内容是阐释本书写作的背景与意义、研究的内容和方法、研究的重点、难点、创新之处与不足以及一些基本概念的界定。

第二章是理论基础和文献综述。主要包括论文写作的理论基础和已有的研究综述。已有的对于技能溢价的研究，主要分为国外文献综述和国内文献综述。目前国外学者对于技能溢价的解释主要着眼于偏向型技术变化、国际贸易以及制度等方面的因素，而国内对于技能溢价的研究则相对比较少。

第三章是中国技能溢价的基本事实。利用数据描述我国从 1988～2014 年技能溢价演变的基本事实，数据主要来自 CHNS 的调查，并且通过国际比较，从横向和纵向来看中国技能溢价演变的情况。

第四章是中国是否存在偏向型技术变化。在第三章论述的基础上论证我国是否存在偏向型的技术变化。首先利用模型分析偏向型技术变化的产生机制，其次在建立模型的基础上进行指标的设定，最后利用中国的数据进行模拟验证。

第五章是偏向型技术变化、国际贸易影响技能溢价的机制。将偏向型技术变化与国际贸易相结合，分析其对技能溢价的影响机制。首先分析封闭经济条件下偏向型技术变化发生作用的机制，其次分析在贸易开放以后技能溢价是如何受到这两种因素的影响的，最后实证分析中国的具体情况。

第六章是高等教育扩招、农业劳动力转移与技能溢价。分析城乡劳动力转移、大学扩招作为非技能劳动力和技能劳动力的供给方，其变化对技能溢价的影响机制，以及这种机制是如何发生作用的。首先分析城乡劳动力转移的基本情况。农业劳动力由农业部门向非农产业部门的转移增加了非技能劳动力的供给，在完全竞争的劳动力市场上，如果不考虑其他因素，非技能劳动力供给的增加会降低其工资水平，那么其对技能溢价的影响有多大，持续多年的"民工荒"现象该如何解释。其次讨论大学扩招对技能溢价的影响。与农业劳动力的转移相反，大学扩招增加的是技能劳动力的供给。如果在完全竞争的劳动力市场上，其他条件在因素不变的情况下，技能劳动力供给的增加会降低其工资水平。但是目前来看，中国的技能溢价是呈现上升的态势的，同时存在大学生就业难的问题，这同样也是本章讨论的问题。

第七章是最低工资制度对技能溢价的影响。主要分析制度因素对技能溢价的影响，鉴于数据的可得性和理论上的可行性，本书主要分析最低工资制度对技能溢价的影响。

第八章是研究结论、政策建议以及未来工作展望。总结全书并提出相应的政策建议。

根据以上的研究思路，本书设计了相应的技术路线图，如图 1-2 所示。

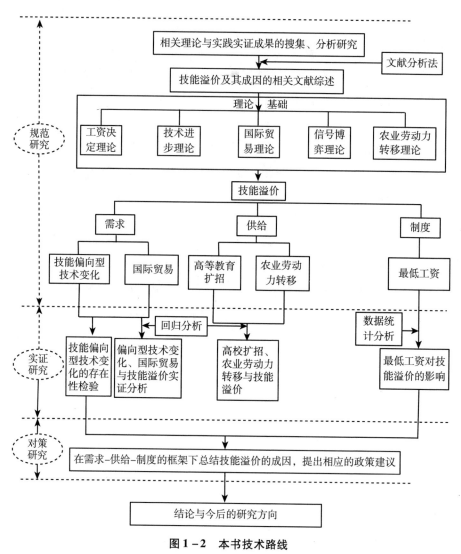

图 1 – 2　本书技术路线

第三节　研究的重点、难点、创新性及不足

一、研究的重点和难点

本研究的重点是分析影响中国技能溢价演进的原因，主要是从技术变化、国际贸易、农业劳动力转移、大学生扩招和最低工资制度几个方面进

行分析。其中，在分析技术变化对技能溢价的影响时需要分析中国是否存在技能偏向型的技术变化，这也是本研究分析的一个难点。因为就目前国内的研究而言，对这方面的分析还相对较少。技能偏向型技术变化的衡量指标的确定也是一个值得研究的问题。另外，农业劳动力转移增加了非技能劳动力的供给、大学生的扩招增加了技能劳动力供给，就目前的情况来看，我国还存在着"民工荒"、大学生就业难以及技能溢价并存的情况，如何解释这一现象需要运用理论模型进行分析，也是本研究的一个难点所在。最后对于最低工资对技能溢价的影响方面，已有的相关研究也比较欠缺，故而要完善这方面的研究也将会是一个难点。

二、研究的创新点

在已有研究的基础上，本书的构思设计与研究主要有以下几个方面的创新点。

一是研究视角的创新。首先，从已有研究技能溢价的文献来看，目前还未见到有文献从需求—供给—制度的角度综合分析中国技能溢价演变成因，本书在需求—供给—制度的逻辑框架下分析中国技能溢价的演变成因弥补了这一空白。其次，在分析技能偏向型技术变化存在性的时候，从技能劳动力密集型行业和非技能劳动力密集型行业的角度进行分析，而不是笼统地从整个经济体的层面或者从整个制造业层面进行分析，这无疑是研究技能偏向型技术变化存在性检验的一个创新之处。最后，从已有文献研究发现，将农业劳动力转移、大学生扩招对不同受教育群体的劳动力之间的工资差异的影响相结合进行研究的文献不是很多，因为这一现象是我国特有的现象，对这一现象的分析无疑具有重要的理论意义和现实意义。虽然国内目前有很多学者研究农业劳动力转移对收入不平等的影响，但是他们主要是从收入的角度进行分析，而且很少有学者将大学生扩招与农业劳动力转移对工资的影响相结合，因而这也是一种研究视角的创新。

二是研究方法的创新。目前国内已有的针对不同群体间工资差异的研究主要从不同性别、所在企业的不同性质以及不同户籍等方面进行的，而且研究的方法大多是用分位数回归、Oaxaca-Blinder 分解等，本书从需求—供给—制度的框架下分析不同受教育水平的劳动力的工资差异演变及其成因，从而弥补这一方面的缺陷。

三是理论应用的创新。本书尝试着运用基础理论分析解释偏向型技术变化、国际贸易对技能溢价的影响。本书拓展了传统的 H-O-S 模型，将之适用于中国的情况并利用中国的数据进行实证检验，这在以往的文献研究中尚未有过。

三、研究存在的不足

首先，本书基于需求—供给—制度的框架分析中国技能溢价的演变成因，由于目前这方面的研究并不是很多，在构建理论模型的时候可能需要借鉴国外的相关研究，也许有的研究在中国的国情下并不是特别适用。其次，本书的分析大多数是基于 CHNS 的调研数据，众所周知，CHNS 的调研数据并未覆盖全部省份，而是选择几个代表性的省份，故而使用这些代表性省份来分析全国的情况是否存在以偏概全的问题还有待研究，这也是本研究可能存在的不足。再次，由于数据可得性的限制，本书在第五章和第六章的实证分析中没有使用面板数据进行分析，而只使用时间序列进行了分析，如果以后数据能够获得更多，则要考虑到使用面板数据再进行相关的稳健性分析。最后，本书在分析的过程中将劳动力分为技能劳动力和非技能劳动力，如果能够将中等技能劳动力纳入分析内容中，这将会使得研究更能贴切中国的发展情况，但是由于目前中国对不同受教育水平的劳动力工资的统计数据的限制，这方面的分析也会受到限制，未来如果条件允许的话，再进一步细化不同技能劳动力的分类则将会更加完善这方面的分析，当然，这也是本书未来的研究方向。

第四节　基本概念界定

一、技能溢价与教育溢价

技能溢价是用来衡量高技能劳动力和低技能劳动力之间的工资差异

的，其衡量公式为：

$$技能溢价 = \log\left(\frac{拥有大学及以上文凭的工人的工资}{拥有大学以下文凭的工人的工资}\right)$$

有的学者也称拥有大学及以上文凭的工人为技能劳动力，而称拥有大学以下文凭的工人为非技能劳动力，这里的技能水平的高低主要是由接受的教育水平的高低来衡量。

技能溢价与教育收益率也不同，教育收益率衡量的是教育的投入与收益之比，是指那些接受过某些教育培养和训练的劳动力相对于那些没有接受过此类教育培养和训练的劳动力所能够创造的更大的劳动价值而增加的国内生产总值部分占经济增长的比重，其涉及教育对经济的贡献、个人教育投资的理性决策、不同性别和教育程度的教育收益差异、制定国家教育政策以及教育资源分配的侧重点等因素。[①] 教育收益率既包括个人教育收益率，也包括社会教育收益率。根据卢卡斯（Lucas，1988）的理论，个人教育收益率是指个人因为受到教育水平的提高而带来的收入水平的提高，与之相对应的社会回报率指的是个人因为受教育水平的提高而引起的社会人力资本平均水平的提高，进而提高了整体经济的发展和整个社会的发展，社会教育收益率体现的是教育的"外溢性"。因此，从这个角度看，影响技能溢价和教育收益率的因素不同，两者所反映的问题也不同。

与技能溢价相关联的另外一个概念是教育溢价，假设 A 接受了某一阶段的教育，而 B 没有接受这一阶段的教育，与 B 相比，A 所得到的更多的收益则被称为教育溢价。也就是说，教育溢价指的是某一个特定阶段的学位收益，这种学位收益主要表现在四个方面：一是表现在收入上面，也就是更高的工资收入和更高的奖金收入；二是较高的劳动参与率；三是这些接受更高教育水平的劳动力的失业率也较低；四是接受更高教育水平的人可能会拥有更高的社会地位以及在工作中能够获得更大的满足感。技能溢价更多的是指因接受教育水平不同带来的工资收入方面的差异，是从经济角度衡量教育带来的回报。

---

① 邢志杰在 http：//www. gse. pku. edu. cn/BeidaEER/pdf/040114. pdf 有提及此问题。

二、技能偏向型技术变化

技能偏向型技术变化是指技术的变化会偏向于使用更多的技能劳动力，这种技能偏向型的技术变化可以分为外生的和内生的。

在内生技术变化的情况下，技能劳动力供给的增加（如由于教育政策的变化所导致的）引起了技能溢价在短期内的下降和长期内的上涨。也就是说，在这种情况下，因为普通意义上的供给—需求机制，技能劳动力相对供给的增加首先会引起技能溢价的下降。然而，在更长期的时间内，技能劳动力供给的增加直接导致人们的研究开发更倾向于技能互补型的科技。这导致的结果是长期技能需求曲线将会变得更为平坦，这样技能需求的变化对技能溢价的影响也就越小。另外，如果这种导向型的技术变化效应足够大，那么技能的长期相对需求将会变为向上的曲线，在这种情况下，技能劳动力供给的相对增加将会提高技能的回报率，从而导致技能溢价的上升。

第二章

理论基础和文献综述

第一节　理论基础

根据已有的研究，技能溢价是不同受教育水平的劳动力工资之间的差距，关于技能溢价的研究对收入分配方面的问题将有着重要的意义，而对这方面的研究将涉及工资决定理论、技术进步理论、国际贸易理论、信号博弈理论以及劳动力迁移理论等。

一、工资决定理论

（一）古典经济学的工资决定理论

根据古典经济学的工资决定理论，劳动力的工资必须等于能够维持其生活所需要的生活资料的价值。威廉·配第是最早对劳动力价值进行论述的经济学家，他认为工资是生活资料的价值，这种价值必须能够维持工人的生活。在他之后，又有不少经济学家在此基础上进行了论述，如亚当·斯密、大卫·李嘉图等。他们认为，对于那些必须依赖于自己的劳动而生活的工人，他们依赖劳动所获得的工资必须至少能够维持自己的基本生活，并且在大多数情况下，这些工资还必须要比维持基本生活水平的略多，这样工人才能够结婚生子，传宗接代。

此后，马克思在这些理论的基础上进行更深入的研究。马克思认为劳动力也是一种商品，这是一种特殊的商品，其价格是由生产这种商品的社会必要劳动时间决定的。同时，工资是这种特殊的商品的价格形式，其形成和决定同其他商品的价格一样，也是受到市场上的供给和需求规律以及竞争规律决定的，在这两种规律的作用下，劳动力的工资水平围绕着劳动力的价值上下波动。劳动价值论和劳动力商品理论是马克思对资本主义工资进行研究的理论基础。根据马克思的资本主义工资理论，在资本主义市场经济条件下，那些被雇用的劳动力在劳动的同时会创造出补偿自身劳动力价值的价值，这种价值在资本主义社会就表现为资本主义的工资。

在马克思的资本论里，有两种工资形式占据统治地位，分别是计时工资（该种工资形式是资本主义最基本的工资形式）和计件工资。根据马克思的工资理论，工资差异可以分为两种：一种是由于劳动力价值本身的差异造成的工资差异，如由于劳动力自身接受的教育、培训等不同而造成的不同类型劳动力的工资差异；另一种则是由于在劳动力价格的市场实现过程中，市场自身的不完善造成劳动力价格和劳动力价值相背离而造成的工资差异。①

（二）新古典经济学的工资决定理论

新古典经济学派的工资理论是以边际生产力理论为基础来解释工资决定机制的，根据新古典经济学派的工资理论，在生产的过程中，可变要素的边际收益将会随着其自身投入的增加而呈现出先上升后下降的趋势，之所以会出现这种趋势是因为边际报酬递减规律的存在。在这种情况下，如果厂商要实现自身利润的最大化，它必须能够使得可变要素的边际成本与边际收益相等，劳动力作为一种可变要素，其价格的确定也必须满足这一原则。这一理论是在 19 世纪后期，由经济学家约翰·贝茨·克拉克以边际生产力分配理论为基础，用来解释工资决定而产生的。这种工资决定理论是从市场的角度对工资进行解释，认为决定工资的一个因素是边际生产力，由此开启了边际生产力决定理论。

---

① 宋晶：《工资决定理论：古典经济学与现代经济学的比较》，载于《财经问题研究》2011年第 3 期。

此后，阿尔弗雷德·马歇尔将古典经济学派关于工资分配理论的思想和边际学派关于工资分配的思想相结合而建立起了供给均衡的工资决定理论。该理论是以供给的均衡价格为基础，从生产要素的供给和需求两个方面来说明工资的市场决定机制。马歇尔认为，在完全竞争的市场机制下，劳动力的工资和其他商品的价格一样，是由其供给价格和需求价格共同决定的，其中需求价格是由边际生产力决定的，而供给价格则是由劳动力的生产成本和劳动的闲暇决定的。马歇尔的这种以市场机制为基础的工资决定理论为以后的西方学者研究工资理论奠定了坚实的基础，后来发展的许多工资决定理论都是在这个基础上展开分析的，如后来影响力比较大的"集体谈判工资理论"①。

（三）制度学派的工资决定理论

新古典经济学派假设劳动力市场是完全竞争的，并且强调竞争在市场中的决定性作用，在新古典经济学家看来，劳动力的工资是由市场性因素决定的。但是与之相反，制度学派则认为现实中的劳动力市场通常处于一种不完全竞争的状态并且呈现出一种二元分割的局面，由于这种市场的不完全性，劳动力市场上存在的工资刚性、持续性失业、劳动力的流动障碍、信息的不完全以及工会、歧视等方面的因素都会影响到劳动力的工资水平。②

（四）黏性工资理论

黏性工资理论是新凯恩斯学派理论的一个重要方面，该理论认为劳动力的工资率不会随着劳动力供求的变动而及时和迅速地发生变动，工资是由雇佣合同规定的，在签订合同的时候，劳动力会根据他所能预期的价格水平来决定他所要求的工资水平的高低，在合同期限内，劳动力必须根据其所签订的劳动合同中规定的工资水平来提供自己的劳动，而作为雇佣方的厂商也必须根据此工资水平来对劳动力提供的劳动支付工资。但是如果

---

① 胡靖春：《新古典工资决定理论的缺陷与马克思工资决定理论的替代性解决》，载于《湖北经济学院学报》2010年第3期。

② 朱琪、范意婷：《工资决定的行为特质和心理契约》，载于《经济学家》2011年第10期。

在此期间，劳动力市场上的实际价格水平发生变动，劳资双方也必须严格按照合同中规定的工资提供劳动或者支付工资。基于这样的事实，新凯恩斯学派提出了两个工资具有黏性的主要原因，即合同的长期性与合同的交错签订①。

（五）效率工资理论

效率工资是指企业为了提高工人的生产率而给工人支付的高于均衡水平的工资。众所周知，在正常情况下，企业是追求利润最大化的，在追求利润最大化的过程中，企业一定是尽可能地降低自己的成本，而劳动力的工资是企业成本的一部分。效率工资理论则认为在某些情况下，支付更高的工资水平对厂商而言是有利的，因为更高的工资水平有可能提高工人的工作效率。人都是有惰性的，工人在工作的时候很有可能采取偷懒的办法减轻自己的工作量，在这种情况下，厂商不可能完全监督工人的行为，工资越高，工人因偷懒而被解雇的机会成本就越高。根据这一理论，厂商给工人支付的较高的工资对于减轻工人的偷懒行为较有利。

从上述各个学派关于工资决定的观点中不难发现，决定工资的因素无外乎以下几个方面：劳动力自身的需求、劳动力自身创造的价值、劳动力的需求和供给、劳动力对工资的预期以及与工资相关的制度因素（包括最低工资标准、工会的力量等）。技能溢价作为不同受教育水平的劳动力的工资差距是受到多方面因素影响的，在劳动力市场完全竞争的假设条件下，劳动力的工资更多的是受到其供给和需求的影响。在中国当前二元经济结构条件下，分析不同技能类型的劳动力的工资水平当然离不开对现有工资决定理论的研究，古典经济学的工资决定理论将对我国劳动力市场上的工资分析具有重要的指导意义，新古典经济学的工资决定理论对于分析完全竞争假设下劳动力市场的工资决定具有重要的启发性。从现有研究看，需求方面的因素主要有技能偏向型技术变化和贸易自由化，而供给方

---

① 孙永君、赵越：《工资粘性能解释中国搞事业高产出并存么?》，载于《中国物价》2010年第5期。

面的因素则主要有高等教育扩招和农业劳动力转移，高等教育扩招意味着技能劳动力供给的增加，农业剩余劳动力转移到非农产业和城镇劳动力市场上则意味着非技能劳动力供给的增加，另外在中国劳动力市场的制度方面的因素也是一个重要的因素，尤其是最低工资制度对于各省市的企业确定最低工资具有重要的指导意义，因而制度学派的工资决定理论以及效率工资理论等对于本书的分析也具有重要的启发性意义。[①]

二、技术进步理论

自古典经济学以来，技术进步与经济增长的关系一直是经济研究关注的重点。新古典经济增长理论认为技术进步是经济长期增长的源泉，后续的经济学家们也都十分关注技术进步对经济增长的影响。但是长期以来，很少有学者具体研究技术进步的方向，即技术进步是偏向于更多地使用哪种生产要素或者更倾向于哪个部门。直到最近几十年，尤其是 20 世纪 80 年代以来，越来越多的经济学家关注技术进步的方向，包括外生的偏向型技术进步和内生偏向型技术进步。根据已有的研究，偏向型技术进步是影响技能溢价的一个重要因素。因此，本书对于技能溢价的研究离不开对于技术进步以及偏向型技术变化的文献梳理和总结。

（一）技术进步理论发展的历史沿革[②]

技术进步对经济增长作用的研究最早可以追溯到亚当·斯密，以亚当·斯密为代表的古典经济学将劳动生产率和劳动力的数量作为一个国家或者经济体经济增长的源泉，技术进步对经济增长的贡献则通过分工来传递，这是因为劳动生产率的提高需要依靠社会分工，但是分工的发展需要依赖于机械的发明，而技术进步能够促进机械的发明，简而言之，技术进步对经济增长的影响机制如图 2-1 所示。

---

① 张德远：《关于现代西方效率工资理论的评述》，载于《财经研究》2002 年第 5 期。
② 殷德生、唐海燕：《内生技术进步、南北贸易与干预政策》，载于《财经研究》2006 年第 4 期。

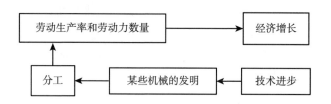

图 2-1　古典经济学派关于技术进步影响经济增长的作用机制

在古典经济学派对技术进步的分析之后,约瑟夫·熊彼特从技术创新的角度来分析技术进步。在熊彼特看来,"创新是经济发展的本质规定",而创新必然能够引起技术的进步,其思想对此后的经济学家和学者们研究技术创新和技术进步提供了积极的启发作用。新古典经济增长理论则进一步强化技术进步对经济增长的作用,该学派的代表人物是罗伯特·索罗。按照新古典经济学的思想,技术进步是经济增长的源泉,但是这里的技术进步通常是外生变量而不是内生的,因此该经济增长模型又被称为外生经济增长模型。但是该模型的理论预测与现实经济增长并不相符,并且不能够解释长期经济增长的真正来源。为了克服这一缺陷,从 20 世纪 60 年代开始,经济学家们便开始在新古典经济增长理论的框架下将技术进步内生化,根据内生经济增长理论,经济中的储蓄率、劳动力的供给以及技术进步都是内生的,他们都是经济活动的产物而不是外生给定的,并且影响技术进步水平的高低的两个最主要因素是劳动分工程度和专业化人力资本的积累水平。

从上面的分析中可以发现,虽然已有大量的理论分析技术进步对经济增长的作用,但是分析技术进步对劳动力市场影响的论述则相对较少,直到近几十年技能溢价在发达国家的凸显,对于偏向型技术进步理论的研究才越来越引起学者的关注。

(二) 偏向型技术进步理论

偏向型技术进步理论研究的是技术进步的方向及其决定因素。根据技术进步对要素促进作用的不同,可以将技术进步分为要素增进型的技术进步与要素偏向型的技术进步,前者指的是在其他条件不变的情况下,技术进步能够使得某种生产要素的生产效率提高,其作用等同于增加了某种要素的投入，而后者则会使得某一生产要素相对需求发生变化。偏向型技术进步与早期的希克斯的"诱导性创新"思想联系较为密切，根据希克斯的理论，技术进步是为了减少对那些价格提高的生产要素的使用，并且该理论还认为对于劳动力的需求源于对于产出的需求，技术进步会提高生产率从而降低劳动力的工资。

阿西莫格鲁（Acemoglu，2003）发展了一个内生技术变化和技能溢价的模型，在这个模型里，技术变化是内生的，而不是早期学者分析的外生的技术变化。在内生技术变化的情况下，技能劳动力供给的增加（如由于教育政策的变化所导致的）引起了技能溢价在短期内的下降和长期的上涨。在这种情况下，因为普通意义上的供给—需求机制，技能劳动力相对供给的增加首先会引起技能溢价的下降。然而，在更长期的时间内，技能劳动力供给的增加直接导致人们的研究开发更倾向于技能互补型的科技，结果是，从长期看，技能需求曲线将会变得更为平坦，这样技能需求的变化对技能溢价的影响也就越小。同时，他认为在实现经济均衡的过程中，"价格效应"和"市场规模效应"影响着技术进步的偏向性。

偏向型技术进步理论对解释技能溢价现象具有重要意义，早期对技能溢价的研究主要集中于偏向型技术变化与贸易自由化的发展，已有研究认为，技能偏向型技术进步的发展会增加对技能劳动力的需求，在其他条件不变的情况下，这会使得技能劳动力的工资增长，从而使得技能溢价水平提高。因而，偏向型技术进步理论对于本书分析我国技能溢价的演变及影响具有重要的理论指导意义。

三、国际贸易理论

国际贸易理论的发展经历了古典、新古典、新贸易理论以及新兴贸易理论等几个阶段。前两个理论主要解释产业间贸易，新贸易理论从技术进步等角度解释新的贸易现象，新兴古典贸易理论则是从专业化分工的角度来解释贸易。随着经济和全球化的发展，国际贸易理论的研究也沿着时代发展的要求而不断变化和完善。对于本书的研究而言，主要有借鉴意义的理论是 H-O 理论及其扩展以及新兴贸易理论。

（一）H-O 理论[①]

传统国际贸易理论产生于 18 世纪中叶，完成于 20 世纪 30 年代，以亚当·斯密的绝对优势理论、李嘉图的比较优势理论和 H-O 理论为主要代表。

但是，在众多研究技能溢价的文献中，两个最主要的影响因素是全球化中的国际贸易和技术变化。中国在国际市场上占主要地位的主要是出口制造业部门的发展。传统的国际贸易理论中描述的国际贸易对技能溢价的影响主要是通过赫克歇尔—俄林理论（以下简称"H-O 模型"）。传统的 H-O 理论认为，一个国家应该专业化生产密集使用其相对丰裕要素的产品并进口密集使用其相对稀缺的要素的产品，也就是说，发达国家高技能人才相对充裕、低技能人才相对稀缺，应该生产并且出口技能密集型产品，而发展中国家低技能劳动力相对比较丰裕，高技能劳动力相对比较稀缺，应该生产劳动密集型产品。该理论后来由斯托尔珀和萨缪尔森进行了扩展，称之为斯托尔珀 - 萨缪尔森定理（以下简称"SS 定理"），也即开展国际贸易对收入分配的影响理论，该理论与 H-O 理论相结合，并成为 H-O-S 定理。根据 H-O-S 定理，开展国际贸易后，某一商品相对价格的上升将导致该商品生产过程中所密集使用的生产要素的实际价格的提高，而其他生产要素的实际价格或报酬则会下跌。基于此，发达国家开展国际贸易以后会导致其本国的技能劳动力的价格上升，非技能劳动力的价格下降，即出现所谓的技能溢价的上升，而发展中国家开展国际贸易以后则会出现相反的情况，即出现技能溢价的下降。正如前文的数据所示，中国作为一个非技能劳动力人数众多的发展中大国，其技能溢价一直处于上升的态势，并没有出现其所预测的技能溢价的下降，这一现象与理论并不相符，本书将在现有理论基础上深入分析这一现象背后的机理。

（二）新贸易理论

第二次世界大战以后，技术进步得到了显著的发展，各国之间的分工

---

① 洪明顺：《H-O 理论的发展脉络》，载于《当代经济》2013 年第 18 期。

也在不断发展，由此导致各国之间的交流和贸易也在不断加深，传统的国际贸易理论对不断变化的国际形势解释力明显削弱，产业内贸易和产品内贸易迅速发展。新古典贸易理论对劳动力收入差距的解释力也在不断削弱，这推动了新贸易理论的不断发展，从而使得各种新国际贸易理论不断涌现，如以费农国际贸易产品的生命周期理论，新要素贸易理论以及产业内贸易理论等。

以克鲁格曼为代表的新贸易理论突破了古典贸易理论的假设，提出了"规模经济作为国际贸易产生原因"的解释。在新贸易理论中，贸易对劳动力工资收入变化的影响与生产的规模是密切相关的，在不完全竞争的条件下，很多因素都会影响到生产规模，从而导致对技能劳动力需求的变化，由此对技能溢价产生影响。

随着产业内贸易的发展，生产商通过不断提高产品的技术含量推动产品的差异化来获得利益，这种趋势促进了技术的创新和发展，从而使得对于技能劳动力需求的增加以及对技能溢价产生影响。因此，在新贸易理论的框架下，贸易开放影响不同技能劳动力工资差距的主要因素是技术进步。

到了20世纪90年代，随着国际分工的不断细化，产品制造过程不再集中到一个国家或地区，而是被分散到不同的国家进行，由此产生了产品内贸易理论，根据该理论，发达国家将低技能劳动力密集型的生产环节转移到发展中国家，从而降低发展中国家对高技能劳动力的需求，进而影响技能溢价水平。[①]

综上所述，在分析影响我国技能溢价形成原因时离不开对于贸易自由化理论的分析。伴随着贸易自由化的发展，跨国公司、外商直接投资的发展将会对一国资本品和技术的发展产生重要的影响，对一国经济结构和产业结构也会产生影响，从而对一国的劳动力市场产生影响。但是传统的H-O-S理论对发展中国家的解释力越来越弱，尤其是劳动力市场出现的技能溢价现象，因而本书将在已有的H-O-S框架下，结合新兴贸易理论，对中国的这一现象进行解释，故而H-O-S理论和新国际贸易理论将为本书的

① 梁滢、李金玲：《贸易开放对中国劳动力工资差距的影响研究》，载于《国际经贸探究》2013年第5期。

观点奠定一定的理论基础，并且为本书提供一定的理论指导意义。

四、信号博弈理论

所谓的信号传递是指有拥有私人信息的一方可以通过采取某些行动向对方发送相关信号，以改进市场运行状况，使得交易达到帕累托改进。与之相关的一个概念是信号甄别，前者是指在博弈中，拥有私人信息的一方先采取行动，而后者则指在博弈中，没有私人信息的一方先采取行动。在劳动力市场上，信号传递理论发挥着重要的作用，著名经济学家斯宾塞（Michael Spence）最早于1972年在《劳动力市场中的信号问题》一文中提出了信号在市场中的作用，在斯宾塞的模型里，劳动力市场上存在着信息不对称，即雇员知道自己的能力，而雇主并不知道雇员的实际能力，在这种情况下，雇员的受教育程度能够向雇主传递出有关雇员能力的信息，斯宾塞假设接受教育的成本与其生产能力成反比，不同能力的人的最优受教育程度是不一样的。[①]

但是教育作为劳动力市场上的一种信号，其传递作用可以分为两个层次进行分析，一个是教育不影响劳动生产率，另外一个是教育会影响到劳动生产率。在第一种情况下，雇员可以分为两种类型：一种类型是低能力的雇员；另一种类型是高能力的雇员。雇员知道自己的真实能力，而雇主知道雇员为低能力和高能力的概率均为1/2。雇员在与雇主签订劳动合同之前会选择接受教育和不接受教育，雇主会在观察到雇员的教育水平后决定支付给雇员的工资水平，也就是雇员的工资水平是其受教育水平的函数，雇员可以选择接受这样的工资水平也可以选择拒绝这样的工资水平。而雇员在签订劳动合同之前接受教育的成本是与其能力成反比的，教育成本越低，其能力越高。这个假定被称为"分离条件"或斯宾塞—莫里斯条件。正是因为不同能力的人接受教育的成本不同，教育水平才可能传递有关能力的信号。[②] 例如，获得博士学位和获得学士学位是一样容易的话，那么博士学位获得后就不会得到社会和用人单位的重视以及获得比本科毕

---

①② 张维迎：《博弈论与信息经济学》，上海人民出版社2004年版。

业生更高的社会地位。在这种情况下，即使教育不能够提高劳动力的能力，也可以为雇主提供某些信息，以能够将雇员分配在最合适的工作岗位上，从而改进配置效率。在教育能够提高劳动生产率的模型中，雇员的受教育水平则更能成为传递雇员能力的一种信号。

众所周知，教育对劳动力市场的影响主要是通过人力资本效应和能力信号而产生的。劳动力在进入劳动力市场时，厂商会根据劳动力所接受的教育水平（劳动力的能力信号）给劳动力支付相应的工资，从而对不同受教育水平的劳动力的工资产生影响，故而本书在分析高等教育扩招对技能溢价的影响机制时需要信号博弈的相关理论。

五、农业剩余劳动力迁移理论

农业剩余劳动力的流动和转移一直是发展经济学领域中一个非常重要的话题，从刘易斯的二元经济结构理论到迈克尔的双重劳动力市场模型，都是从理论上对农业剩余劳动力从农业部门转移到非农业部门及城镇劳动力市场上的人口迁移现象进行解释分析的。这些比较经典的理论大概可以分为两类：一类是从微观角度对劳动力的转移决策进行分析解释的，如贝尔克等从个人和家庭效用最大化的角度分析家庭效用和家庭劳动力配置的关系，从中揭示出从事农业的个人和家庭流动和转移的原因及经济后果；另一类是从宏观的角度对劳动力的转移和流动进行分析解释的，如刘易斯的二元经济结构模型以及迈克尔的双重劳动力市场模型、费景汉－拉尼斯的推拉模型和托达罗的预期收入模型等，这些理论都是从宏观的角度来解释农业劳动力转移的客观条件的。

20世纪50年代，刘易斯的著名论文——《劳动力无限供给条件下的经济发展》，构建了一个二元经济"古典"模型来分析农业剩余劳动力无限供给条件下工业发展的情况，由此开启了发展经济学研究的大门。该模型假设经济中存在两个部门，即收入仅能够维持生存的传统农业部门和追求利润最大化的工业部门，传统农业部门的劳动力过剩、生产效率低下，而现代工业部门的劳动效率和资本水平均较高，劳动力可以在传统农业部门和现代工业部门之间自由流动，并且他们是同质的，劳动力是无限供给的。不可否认的是，虽然该模型可以从一定程度上解释发展中工业化的发展模式，但是也存在一定的缺陷，如它假设只有农业部门存在失业，而工业部门不存在失业，这与现实经济发展情况是相违背的。另外，农业部门的劳动力和工业部门的劳动力是不同质的，因为总体而言，工业部门的劳动力技能水平要相对高于农业部门劳动力的技能水平，同时该模型还忽视了第三产业在经济发展中的作用。

在刘易斯发表了其经典论文的十年之后，拉尼斯和费景汉共同发表了论文《经济发展理论》以及著作《劳动过剩经济的发展：理论与政策》，对刘易斯构建的二元经济结构模型进行了完善和发展，形成了"刘易斯—拉尼斯—费景汉模型"。该模型将经济发展过程分为三个阶段：一是农业经济阶段；二是二元结构经济阶段；三是成熟经济阶段。在经济发展过程中有两个转折点：一个是刘易斯模型中的转折点；另一个是"商业化点"，这是经济由二元经济结构向成熟经济过渡的点。在他们看来，农业部门的技术进步能够提高农业的生产效率，从而释放更多的剩余劳动力，但是农业剩余劳动力并不是无限供给的，农业部门因效率提高释放的劳动力总量不应该超过现代部门所能创造的就业机会。

此后，托达罗继续发展了该理论。在托达罗看来，工业化、城市失业率以及城乡预期收入差距是影响农业劳动力转移的主要因素，当农业劳动力预期城乡收入差距大于零的时候会流动，反之则会留在农村或者从城镇返回农村。同时，从农业部门转移到城镇部门的劳动力能够在城镇市场找到工作的概率受到城镇就业人数以及城镇失业人口数影响，其与城镇劳动力部门创造就业机会成正比，与城镇失业人口数成反比。托达罗在模型分析的基础上为城市化的发展提出了相应的建议，他认为发展农村经济需要加大农业投入，缓解劳动力的盲目流动需要提高劳动力的受教育水平等[1]。

中国作为发展中国家，农业剩余劳动力的迁移对劳动力市场产生重要的影响，因为相对而言，农业剩余劳动力的受教育水平比较低，其转移增加的是劳动力市场上那些低技能水平的劳动力，如果现行的产业结构不能

---

[1] 甘联君、王俊慧：《运用"推拉"模型分析农业劳动力迁移环境因素》，载于《生产力研究》2007 年第 6 期。

解决这些剩余劳动力的就业问题，则无疑对整个经济体产生巨大的影响，造成人力资本的浪费。在这种情况下，如果农业剩余劳动力的流动没有任何制约，或者其技能水平不能得到提升以适应当下经济发展，这对不同受教育水平的劳动力的工资也会产生重要的影响，因而劳动力迁移理论对于本书分析技能溢价也具有重要的指导意义。

第二节　文献综述

一、国外文献综述

国外对于技能溢价的集中分析始于 20 世纪 90 年代，已有的研究认为不断变化的技能溢价是由技能劳动力①的供给、需求和制度因素（Freeman & Katz，1994；Katz & Autor，1999）三个方面的因素引起的，供给方面的因素主要由教育的变化、技能的培训、科技的变化以及迁移引起的，对于需求方面的分析则主要集中于两个方面：一方面是技能偏向型的技术变化；另一方面是在 H-O-S 框架下的全球化的发展，而制度层面的分析主要包括工会力量的变化和最低工资的变化。

早期的研究主要集中于需求方面的分析，而对于供给和制度层面的分析则主要归结于外生的因素。但是正如戈尔丁和卡茨（Goldin & Katz，2007）所指出的，理解技能劳动力的相对供给的变化对于分析经济中的工资结构和技能回报是很重要的。已有大量的文献分别分析技能偏向型技术变化和全球化对不断变化的技能溢价的影响，早期的研究认为技术变化在技能溢价的变化过程中发挥着更为重要的作用，并且将技术变化看作是外生的，而全球化的发展则起着相对较弱的作用。随着科技日新月异的发展

---

① 文献综述中出现的技能劳动力和高技能劳动力都指的是那些拥有大学及以上文凭的工人，有的学者在文章中认为是 high-skilled workers，而有的学者认为是 skilled workers，非技能劳动力和低技能劳动力都指的是那些拥有高中及以下文凭的工人，同样地，有的学者认为是 low-skilled workers，而有的学者是指 unskilled workers。出于忠于原作者本意的目的，本书中的技能劳动力和高技能劳动力是同样的概念，而非技能劳动力和低技能劳动力也是同样的概念，不再赘述。

和全球化贸易格局及其形式不断发生着重要的变化，这种分析结论受到越来越多的质疑，这些质疑主要包括两个方面：一方面是技能偏向型技术变化一直被当作外生的变量发挥着作用，这便导致先前的分析在研究其导致技能溢价的很多作用机制被忽略；另一方面是早期的分析倾向于将这种技术变化和全球化的发展进行独立分析，而事实上，在很多情况下，这两者是相互联系共同发生作用的，而不是单独发生作用。基于此，在最近的分析中，很多学者通过对上述研究进行了拓展和弥补，最新的关于技能溢价的研究主要集中在以下几个方面：一是研究对象的扩大，从仅集中于OECD 国家的分析扩展到对拉美国家和东亚等发展中国家的分析；二是将技术变化内生化，并且分析这种内生化的技术变化对技能溢价产生影响的作用机制；三是将全球化和技术变化的影响综合分析，分析全球化的发展和技术变化相互作用对技能溢价产生的影响；四是囊括了最低工资在内的制度因素对技能溢价影响的作用机制；五是加入微观因素的分析，如加入人们对入学选择等因素进行分析。

总体上看，国外学者对于溢价的研究主要从以下几个方面进行：一是技能溢价变化的基本事实，包括发达国家和发展中国家出现的情况；二是传统的对于技能溢价的解释；三是对于技能溢价的一些新解释。

（一）技能溢价变化的基本事实

早期研究技能溢价的学者主要将研究对象集中于以美国和 OECD 国家，主要是因为很多先进的科学技术和发明首先发生在这些发达国家，而这些新的科学技术和发明对技能的需求和供给会产生不同的影响，技能溢价现象也最先出现在美国和英国。随后，由于全球化进程的加快和国际贸易的发展，导致以美国为首的发达资本主义国家加快了同发展中国家的贸易，也有越来越多的学者开始分析发展中国家出现的技能溢价情况。因此，本书将首先厘清研究发达国家和发展中国家出现技能溢价的情况，为本书接下来的分析提供一个全面的宏观背景。

1. 发达国家

美国的大学毕业生/高中毕业生工资差别自 20 世纪 60 年代开始出现巨大的变动，70 年代时呈现下降的趋势，到 80 年代的时候迅速上升，于 90

年代继续上涨，但是步伐开始变慢（Katz & Murphy，1992，Katz & Autor，1999，Card & Lemieux，2001，Autor et al.，2008），这种变化通常被认为可以反映大学生和高中生技能的价格，即技能溢价。这种技能溢价现象在美国等 OECD 国家非常显著，尤其是 20 世纪 70 年代以后更为明显，丹麦（Munch & Skaksen，2008）、法国（Bricongne et al.，2010）、德国（Felbermayr et al.，2012）、葡萄牙（Martins & Opromolla，2009）、西班牙（Farinas & Martin-Marcos，2007）、瑞典（Hansson & Lundin，2004）和英国（Greenaway & Yu，2004）均被证明存在着不同形式的技能溢价。

另外，有一些学者将工人的技能划分为三个级别，即高技能、中等技能和低技能，而不是简单地分为高技能和低技能。将技能劳动力分为这三个级别后发现越来越多的研究表明在美国等发达工业化国家出现另外形式的技能溢价，也就是工资极化的现象，这种极化现象突出表现在高技能劳动力的工资相对于中等技能劳动力的工资出现上涨，而中等技能劳动力的工资相对于低技能劳动力的工资并不是上涨的，这是由于 IT 革命导致贸易开放的国家之间相互交流的成本降低，这种成本的降低增加了 20 世纪 90年代中等技能密集型产品的贸易的扩大，这一阶段与 80 年代的低技能密集型产品的贸易全球化是相互补充的，后者的发展使得这种工资两极化的发展趋势被延迟，[①] 但是还有其他的分析将这种工资极化现象归因于技能偏向型的技术变化（Autor et al.，2003；Autor et al.，2006；Goos & Manning，2007）。

2. 发展中国家

关于发展中国家技能溢价的变化研究主要始于国际贸易对工资不平等的影响的讨论。例如，墨西哥于 20 世纪 80 年代大幅度实行贸易开放，此后，其边境加工厂的技能劳动力和非技能劳动力之间的工资差距出现扩大的趋势，两者之间的差距由 1981 年的两倍增长到 2006 年的 4～5 倍（Mollick & Ibarra-Salazar，2013），投入品关税的降低也引起了墨西哥技能溢价的上涨。巴西、委内瑞拉、阿根廷以及玻利维亚等其他拉美国家在 80 年代

---

① SergiBasco，Martí Mestieri Heterogeneous trade costs and wage inequality：A model of two globalizations.

初期到 90 年代中期这段时间也都出现了工资差距上涨的现象（Behrman et al.，2001）；除了对拉美国家为代表的典型发展中国家的分析，也有不少对于亚洲经济体的分析，如巴基斯坦在贸易改革以后也出现了不同技能劳动力之间的工资不平等。①

随着国际外包的发展，投入品关税的降低则会降低产业内公司的技能溢价，而最终产品的关税的降低则对技能溢价没有影响。随着全球化的发展，印度尼西亚存在着不同形式的技能溢价，这些不同形式的技能溢价受到不同产品的关税的影响程度也不同（Amiti & Cameron，2011）。阿拉达巴（Aldaba，2010）利用菲律宾制造业的数据表明菲律宾存在着技能溢价，并且这种技能溢价的产生是由于贸易开放以后关税的变化导致的。

（二）技能溢价的传统解释

对于技能溢价的传统解释主要集中于外生技术变化以及在 H-O-S 框架下的南北贸易的分析。

1. 外生技术变化

早期的对于技术变化的分析主要集中于外生技术变化，在这种情况下其对技能溢价发生作用的机制主要体现在三个方面：一是要素偏向型的；二是部门偏向型的；三则体现为资本—技能的互补。在要素偏向型的情况下，技能偏向型技术变化假设要素生产率的提高会引致厂商对于高技能劳动力的需求的增加；在部门偏向型的情况下，技术变化在生产函数中表现为要素中性的，但是在技能密集型产业比非技能密集型产业中表现得更为强烈，其典型的表现便是全要素生产率的提升，也就是说全要素生产率在前一部门要高于后一部门；最后，技能偏向型技术变化还产生于影响其他生产要素使用的科技进步，资本—技能互补则是这种机制的一个典型，已经有很多学者为此做了大量的分析，包括理论和实证方面的分析（Krusell et al.，2000；Falk & Koebel，2004）。假设生产中需要高技能劳动力、低技能劳动力和资本品，科技的变化导致资本使用的增加。同时，资本能够

---

① 详细论述请参见萨尔曼和贾韦德（Salman & Javed，2011）的"The impact of trade liberalization on wage inequality：Case of Pakistan"。

替代低技能劳动力，而与高技能劳动力之间是相互补充的，那么资本使用的增加则会导致对高技能劳动力使用的增加，在技能供给不变的情况下，便会产生技能溢价。[①]

由此可以看出，在早期的对于技能溢价的研究中，不论技能偏向型的技术变化发生作用的机制是什么，一般都会导致技能溢价的提高，或者当存在某种力量阻止技能溢价发生变化的时候，则会导致低技能或者说非技能劳动力的失业的增加，除非这种情况被技能劳动力供给的相对增加所抵消。

2. H-O-S 框架下的南北贸易

贸易的扩张使得美国的技能溢价上涨是因为美国同那些技能稀缺的欠发达国家之间的贸易引起了对本国技能的相对需求增加了。事实上，从 20 世纪 70 年代到 90 年代中期这段时间，从欠发达国家的进口占美国 GDP 总额已经增长了 4 倍，这种贸易扩张的解释从理论上是合理的，但是很多经济学家总是因为各种原因将国际贸易在工资不平等发展的过程中的作用大打折扣。不过与此相反，也有很多经济学家认为国际贸易在工资不平等以及技能溢价方面的解释作用是很强烈的。

传统的 H-O 理论认为，一个国家应该专业化生产密集使用其相对丰裕要素的产品并进口密集使用其相对稀缺的要素的产品，也就是说，发达国家高技能人才相对充裕、低技能人才相对稀缺，应该生产并且出口技能密集型产品，而发展中国家低技能劳动力相对比较丰裕，高技能劳动力相对比较稀缺，应该生产劳动密集型产品。Stolper-Samuelson 定理（以下简称 "SS 定理"，将 H-O 理论和 SS 定理的结合统称为 H-O-S 分析框架）将 H-O 理论细化，其将国际贸易同收入分配联系起来，认为当商品的价格上升时，生产该商品密集使用的要素的价格将提高，而另一要素的报酬的价格将下降。根据这一定理，发达国家的高技能劳动力的工资将上升，而低技能劳动力的工资将下降，从而提高了发达国家的技能溢价，相反，发展中国家的技能溢价将下降。

---

① 法丁格和麦尔（Fadinger & Mayr, 2014）的研究也得出类似的结论，他们利用公式从供给的方面进行分析，认为在外生技术变化的情况下，如果技能供给增加，而技能需求不变，那么将会导致技能劳动力的工资的降低。

根据上述理论，国际贸易应该提高发达国家技术密集型产品的相对价格，从而通过该途径提高对于技能的引致需求。但是，很多证据都表明技术密集型产品的相对价格并没有上涨，与此相反，却是在不断地下降或者是不变的（Lawrence & Slaughter，1993，Sachs & Shatz，1994，Desjounqueres et al.，1999）。因此，在 H-O-S 分析框架下，发达国家和发展中国家的贸易会导致发达国家出现如下情况：（1）低技能密集型产品的价格的下降增加了技能溢价；（2）由于技能溢价的提高而导致各个产业的技能密集度的减弱；（3）技能密集型产业在总产出中的比例会增加；（4）劳动力市场制度或者市场的失败阻止了工资的调整，从而导致发达国家非技能劳动力的失业，这种情况发生在那些技能溢价调整受阻的国家（Davis，1998a）；（5）非技能劳动力丰裕的国家的技能溢价会下降，预测会产生产业间的劳动力重新分配以及贸易自由化以后发达国家技能劳动力密集型产品的价格上升。但是，戈德伯格和帕夫尼克（Goldberg & Pavcnik，2007）的实证研究表明这些预测在很多发展中国家并不成立，卡茨和墨菲（Katz & Murphy，1992）和很多其他学者发现 SS 效应在美国是非常小的；（6）很多要素的重新配置并不是发生在部门之间，而是发生在部门内（Berman et al.，1994）。之所以会出现传统的理论与现实经济现象多方面的不吻合，主要是因为这些传统的理论分析是建立在严格的假设基础之上的，存在一定的局限性。

3. 传统研究的局限性

根据上述传统的解释，对于发达国家而言，外生的技能偏向型技术变化和传统的 H-O-S 理论都预测技能溢价的上涨，或者由于要素供给的原因而阻止此溢价的上升时，会出现非技能劳动力的失业现象，并且技术变化对技能溢价的影响要比国际贸易对技能溢价产生的影响大。然而，事实上，要素偏向型的技术变化会导致发达国家产业的技能密集度的提高，但是 H-O-S 模型的预测却与之相反，另外，与技能偏向型技术变化不同，H-O-S 模型假设技能密集型产品相对价格会上升，由于传统假设存在多重的限制性条件，早期的学者在分析的时候总会忽略很多由技术变化和贸易开放引致的影响技能溢价的机制。

历史经验表明，科技进步并不总能带来对技能需求的增加，就如同 20

世纪初，厂商生产流水线的引入而带来的技能需求的降低。另外，技术变
化的不同形式会对要素需求产生不同的影响。首先，需要澄清的是为什么
在过去的三十多年里，随着科技的变化都会出现需求的增加；其次，分析
这种增加是暂时的还是持久的。传统的 H-O-S 模型在解释发达国家和发展
中国家之间的贸易时忽略了几种可能会影响要素需求的情况，一是他们所
假设的比较优势是基于一个国家先天的要素禀赋，这意味着科技水平的差
异和后来的发展中国家的科技追赶被忽略了，并且如果全球化引致发达国
家形成人力资本积累，其对工资不平等的影响就有可能是短暂的；① 二是
在分析国家之间贸易时，中间产品和资本品的贸易被忽略了，尤其是其中
的国际外包被忽略了，但是不可研究大多将技术变化和国际贸易对技能溢
价的影响单独进行分析，但是随着世界经济形势发生的剧烈变化，这两者
之间也存在相互影响的关系，国际贸易也会引起技能偏向型的技术变化
（Acemoglu，2003）。但事实上，很多时候国际贸易对技能溢价的影响是相
互发生作用的。因此，将两者进行单独的分析则会导致在分析的过程中忽
略了很多中间的影响传导机制。

（三）对技能溢价的研究新进展

由于随着经济形势的不断发展，国家之间的贸易方式也越来越广泛，
技能溢价的产生也存在多重形式，最近的文献分析不仅包括跨部门的分
析，还包括部门内不同生产者之间的分析，贸易自由化的发展使得越来越
少的部门间的要素向具有比较优势部门重新配置，越来越多的部门内的要
素向生产效率更高的企业进行转移，也就是说，要素的转移由以前传统的
部门间的转移发展到越来越倾向于现在的部门内的转移（Burstein & Vogel，
2012）。在这种情况下，早期的分析就略显不足。因而现在对于科技进步、
国际贸易与技能溢价之间的关系研究也越来越细致，具体的主要表现在以
下几个方面。

---

① 鲍里索夫和海利尔（Borissov & Hellier，2013）在他们的文章 "Globalization，Skill Accumu-
lation and the Skill Premium" 中有提及这一观点，该文章于 2013 年发表于 Review of Development
Economics。

1. 内生的技能偏向型的技术变化

一方面，由于早期的外生的技能偏向型的技术变化并不足以解释现实中存在的很多问题；另一方面，很多技术变化并不仅局限于外生的技术变化，而是存在越来越多的内生的技术变化的形式。根据内生的技能偏向型的技术变化对技能溢价和工资不平等的影响，主要将其分为永久性的和短暂性的。

2. 永久的技能偏向型技术变化

阿西莫格鲁（Acemoglu，2003）发展了一个内生技术变化和技能溢价的模型，在这个模型里，科技的变化是内生的，而不是早期学者分析的外生的技术变化。在内生技术变化的情况下，技能劳动力供给的增加（例如由于教育政策的变化所导致的）引起了技能溢价在短期内的下降和长期内的上涨，也就是说，在这种情况下，因为普通意义上的供给—需求机制，技能劳动力相对供给的增加首先会引起技能溢价的下降。然而，在更长期的时间内，技能劳动力供给的增加直接导致人们的研究开发更倾向于技能互补型的科技，结果是，长期的技能需求曲线将会变得更为平坦，这样技能需求的变化对技能溢价的影响也就越小。另外，如果这种导向型的技术变化效应足够大，那么技能的长期相对需求将会变为向上的曲线，在这种情况下，技能劳动力供给的相对增加将会增加技能的回报率，从而导致技能溢价的提高。

阿西莫格鲁（Acemoglu，2005）在文章中分析了这种机制发生作用的一般条件。他第一次表明，如果只允许要素增强型的技术变化产生，那么某种要素的供给的增加总会引起科技的变化，这种科技的变化总是相对更倾向于使用这种要素；如果在一般相对温和的假设下，一种要素的供给的增长总是会促进科技的变化绝对地倾向于使用这种要素。更高的技能禀赋也会鼓励技能密集型技术的采用。波德瑞等（Beaudry et al.，2006）提出了一个导向型科技接受模型，当这种新的并且更为技能密集型的技术是外生引进的话，这种技术会被有着更高技能劳动力的区域所采用，而并不是被那些有着更低技能劳动力禀赋的地区使用。技术进步会通过创造新的工作岗位（Knight，2014）提高对技能劳动力的需求（Acemoglu & Restrepo，2018）。由于更高技能的供给导致的技能溢价的降低会部分地由于这种新的技能密集型的科技的采用而抵消。

另外，这种永久的技能偏向型的技术变化对于技能溢价的影响还可以通过科技的扩散效应所带来的预期教育回报率的上升而产生，这是由于随着科学技术的进步，人们一般会预期教育回报率会提高，尤其是接受高等教育的回报率会由于这种扩散效应而提高，从而影响人们对于是否接受教育的决策。由于预期教育回报率提高，人们一般会选择接受更高的教育，从而增加了高技能劳动力的供给，并且在技能偏向型技术变化的初始阶段，技能劳动力所占的比重越大，后期的技能溢价则相对要小。同时接受高等教育的工人所占的比重增长得越快（Magalhães & Hellström，2013），由此便会由于上述的效应而对技能溢价以及工资的不平等产生良性循环的效应。

3. 暂时的和周期性的偏向

暂时的技能偏向型的技术变化，顾名思义，便是这种技能偏向型的技术变化的偏向性是暂时的，或者其对技能的需求，或者供给的影响是短暂的，从而对技能溢价的影响是短暂的，而不是长久的。这种暂时的技能偏向型的技术变化的一个典型的案例便是统计科技的引入。通用科技是影响所有产业的科技（Helpman，1998），如计算机的引入为代表的信息通信技术。通用科技的引入会带来对于技能需求的变化。但是如前所述，由此引起的技能需求的变化一般是短暂的或者是周期性的，而不是永久的。因为厂商引入新的通用科技之初暂时需要使用高技能专家来适应由此带来的厂商组织和管理模式的变化，这样带来的结果便是生产资源暂时性地从生产环节退出而使用新的技术（Greenwood & Yorukoglu，1997）。这种新的科技的引入暂时需要厂商增加技能劳动力的使用，便暂时性地引起技能溢价的上涨。当使用新的通用科技需要个人将自己总的工作时间分配一部分到使用新的科技的时候，那些拥有更高技能的工人相对于拥有相对较低技能的工人而言，所花费的时间更少，这便导致在适用这种新的通用技术的过程中技能溢价的出现。另外，如果在分析的过程中考虑到经济周期的话，巴列维和齐登（Barlevy & Tsiddon，2006）表明经济衰退会扩大这种长期的趋势，也就是说，经济周期会对这种不平等的变化趋势产生影响。从整个经济周期来看，一项偏向型的技术变化的冲击是影响技能溢价的唯一冲击，并且不同偏向的技术变化在整个经济周期内对技能溢价的影响是不同的。

4. 国际贸易对技能溢价影响的新解释

随着全球化的发展和国家之间贸易与交流形式的多样化，国际贸易对技能溢价的影响也发挥越来越重要的作用，并且其影响的形式也在不断发生变化，最主要的一个形式就是国际外包的出现和资本品贸易的发展。在早期的技能溢价的研究文献中，这两种形式的贸易大多被忽略了，其中一个主要的原因便是早期经济发展过程中，这两者在国际贸易中的份额并不大，其发展并不如现在那么广泛。

国际贸易对技能溢价的影响和技能偏向型的技术进步是不会单独发生作用的，如果技术变化是技能偏向型的，那么在雇用相对更多技能劳动力的部门，其生产率的差别将会被扩大，这将会提高技能更为密集的部门的贸易份额，从而提高这些部门对技能的需求，产生的结果便是提高技能溢价。与此同时，由于贸易成本的降低，生产要素会向比较优势部门重新配置而导致对技能的相对需求的变化（H-O 机制）要小于由于要素向部门内生产率更高的部门（技能偏向型技术机制）以及向要素密集度更高的部门转移而增加的对技能的相对需求，因而提升技能溢价（Burstein & Vogel，2012）。

5. 国际外包

从 20 世纪 90 年代开始，国际外包开始受到欧美等发达国家的欢迎，因为这能够大大地降低企业的生产成本。发达国家将那些在本国内不再具有成本优势的企业转移到发展中国家，对于承接外包的发展中国家来说无疑为其创造了巨大的经济效益，在为这些国家提供更多就业岗位的同时也为本国的企业带来新的活力，对其技术变革的方向和劳动力市场的工资结构都会带来影响，对于发包国家而言亦是如此。

奥特尔和卡茨（Autor & Katz，2008）认为国际贸易的外包因素对技能溢价的影响正在越来越显著，因为亚洲快速的经济发展和计算机与交流技术水平的提高已经显著地减少了大规模国际商品和服务的贸易成本。当一个产品的生产过程可以被分解为不同的生产活动，并且这些生产活动可以在不同的地方进行的时候，便会产生外包。国际外包指的是产品的生产的某些部分可以在国外进行，因而，外包就意味着从国外的厂商以及国内厂商在国外厂商的分公司购买中间产品。

国际外包一般是由于国家之间不同的科技水平引起的，发达国家的科技水平往往高于发展中国家的科技水平，这便导致发达国家将科技水平并不是很高的中间产品的生产转移到发展中国家进行生产，但是对于发达国家而言属于低水平的科技，对发展中国家而言便是较高水平的科技水平，这样便会增加承接外包的发展中国家对于技能劳动力的需求，同时对于发达国家而言，它能够带来利润的增加，更能激励创新（Glass & Saggi，2001）。阿西莫格鲁等（Acemoglu et al.，2012）在分析李嘉图模型的时候对其进行了相应地扩展，他们将偏向型技术进步理论引入该模型中，在他们的生产函数中，最终产品是由两种不同类型的中间产品生产出来的，这两种不同类型的中间产品分别是技能密集型与非技能密集型的，但是这些中间产品不一定是由本国生产出来的，还有可能是由技术水平较高的发达国家转移到技术水平较低的发展中国家生产出来的。这些发包国的厂商是追求利润最大化的，这些厂商决定了技术进步的方向。通过模型求解他们发现，外包机会的增加能够引起发达国家技能偏向型技术进步以及全球的技能溢价水平的提高。对于承接外包的发展中国家而言，外包会导致技能偏向型技术进步偏向于使用更多的非技能劳动力，而不是技能劳动力。

芬斯特拉和汉森（Feenstra & Hanson，2001）发展了一个南北贸易模型，在这个模型里面，最终产品的生产是由不同技能密集度的投入品所生产出来的，被外包到发展中国家的投入品的技能密集度随着贸易的发展和科技水平的提高也在升高，这种发展形势便会导致发达国家的劳动力支付份额增加，并且会提高发达国家和发展中国家对于技能劳动力的需求和技能溢价，从而降低最终产品的价格。

埃塞尔（Ethier，2005）建立了一个模型来解释与技能溢价和技能偏向相关的典型事实，在这个模型里面，外包和非技能劳动力之间具有强烈的可替代性，资本和技能劳动力之间是相互补充的，外包和东道国之间的经济结构有着显著的差别。

从以上的分析中可以发现，国际外包明显地改变了发达国家和发展中国家贸易的结果，将之引入不同技能禀赋的国家，这便会引起发达国家的技能溢价和最终产品的技能密集度的改变。

6. 资本—技能互补和国际贸易

资本设备的研发，例如计算机和先进工业器械的研发大都集中在小部分的发达国家，而世界上的大部分国家则从这些小部分的发达国家进口他们的设备，虽然这种现象不是绝对的，但是已经有大量的研究表明资本—技能的互补是科技进步的一个重要特征。以此现象为例，可以表明国际贸易对技能溢价有着重要的影响，而这些影响是通过对资本设备的积累的影响产生的（Burstein et al.，2013）。一般说来，资本设备的使用与高技能劳动力之间是相互补充的，而同低技能劳动力之间是相互替代的（Krusell et al.，2000）。同时，如果贸易能够增加从发展中国家的低价格的中间产品的进口，由此导致的资本密集度的提高会导致技能劳动力相对于非技能劳动力的相对需求的增加。由于国际贸易的存在，一个国家的资本设备的存量依赖于不同国家的生产率、劳动禀赋以及国家之间的贸易成本，当国际贸易同时提高技能劳动力和非技能劳动力的实际工资时，一般这种提高更有利于技能劳动力，这便会导致技能溢价的产生，而这方面的理论也得到了实证研究的证实。伯斯坦等（Burstein et al.，2013）通过对部分国家的分析，[1]包括发达国家和发展中国家，得出来的结论认为中技能劳动力的实际工资的变化是非技能劳动力实际工资变化的两倍还多。国际贸易在通过资本—技能互补这一机制对技能溢价产生影响的过程中发挥着重要的作用，已经有大量的分析证实了这一结论。维胡根（Verhoogen，2008）、布鲁姆等（Bloom et al.，2011）、比斯托（Bustos，2011）、科伦和奇洛格（Koren & Csillag，2011）利用公司层面的数据，通过实证研究，支持了早期学者，例如阿西莫格鲁（Acemoglu，2003）和耶普尔（Yeaple，2005）提出的国际贸易会产生技能偏向型技术进步的假设。

伴随着资本品贸易以及资本—技能的互补，不仅仅技术变化是资本品价格下降和技能溢价上升的原因，贸易成本的降低也可以降低资本品的价格，从而可以导致资本品贸易的增加。同时，由于资本—技能的互补性，

---

① 伯斯坦等（2013）在实证研究部分利用了阿根廷、澳大利亚、奥地利、孟加拉国、巴西、保加利亚、喀麦隆、加拿大、智利、中国、哥伦比亚、捷克共和国、丹麦、厄瓜多尔、埃及、芬兰、法国、德国、希腊、危地马拉、印度、伊朗、以色列、意大利、日本、肯尼亚和韩国的数据。

资本品贸易的增加也能够提高技能劳动力相对于非技能劳动力的生产率，在这种情况下，贸易和技术变化都是技能偏向型的，两者都可以导致技能溢价的跨国增加（Parro，2013）。在跨国贸易中，如果没有资本—技能的互补效应，而仅有 SS 效应，那么国际贸易对技能溢价的影响在大多数国家是微乎其微的，这也就是为什么早期的对于技能溢价的研究都认为国际贸易对其影响很小，如果加上资本—技能的互补性，技能偏向型的贸易所产生的效果要远远大于 SS 效应，这种效应在发展中国家更为明显。并且，资本—技能的互补性使得技能劳动力从贸易中获得的收益要远大于非技能劳动力，从而导致技能溢价。

7. 竞争加强型的贸易自由化以及要素转移的转变

贸易开放可以通过促进竞争提高技能溢价，贸易自由化在不断增加进口的情况下也能够提高技能溢价，因为贸易自由化促进了跨国公司的发展，使得这些国外的厂商在国内市场上更具竞争力，国内厂商在受到来自国外厂商的冲击时便会增加投资以阻止国外厂商的进入。因此，即便国外厂商的进入被有效地阻止了，来自进口的竞争压力也会使得厂商增加投资和研发，这样便会增加对技能劳动力的需求及其相对工资。最终，国际贸易会通过这种竞争加强的形式提高技能溢价（Neary，2002）。

在新的研究中，假设产业内公司的异质性，这同传统模型依赖于典型厂商的假设不同，在产业内公司异质性假设的前提下，贸易自由化会通过无效率（低效率）公司的退出以及资源和产出从更低效率的公司重新配置而提高生产率，从而提高竞争力（Aldaba，2013）。

由于国际贸易发展形势不断变化，越来越多的国际贸易使得生产要素并不仅由部门间转移，而更多地表现为部门内的转移，也就是生产要素向同一部门内生产效率更高的企业的转移，由于传统的 H-O-S 模型假设的是同一部门内所有的生产者有着相同的技术密集度。要素向更高生产率部门的重新配置提高了部门间对技能的相对需求，并且由于要素向比较优势部门重新配置而导致的对技能的相对需求的变化要小于由于要素向部门内生产率更高的部门以及向要素密集度更高的部门转移而增加的对技能的相对需求（Burstein & Vogel，2012）。简单地说，部门内的要素配置效应要大于部门间的要素配置效应。

8. 技术变化和国际贸易对技能溢价的共同影响

早期的研究都是认为技能需求的变化和技能溢价的变化是国际贸易与偏向型技术进步独立作用的结果。但是，随着全球化的发展，国际贸易和技能偏向型的技术变化对技能溢价的影响一般不会单独发生作用，如果科技是技能偏向型的，生产率在部门间的扩展会导致技能密集部门更高的扩散成本，从而导致那些雇佣相对更多技能劳动力的部门的生产率的差别将会被扩大。因此，那些技能更为密集的部门贸易份额会更高，从而导致要素向这些部门重新配置，这些部门对技能的需求相应增加，技能溢价也随之提高。最后，由于贸易成本的降低，所有国家为技能密集的部门间要素重新配置的范围会更大。因此，能够观察到的部门间技能强度和部门内厂商间的技能强度的变化的相互关系形成了对技能溢价的影响。

阿西莫格鲁（Acemoglu，2003b）早在 2003 年就注意到国际贸易与偏向型技术变化之间存在着内在的联系。对于发展中国家而言，与欧美等发达国家进行贸易会引起本国偏向型技术进步，使得本国增加对于技能劳动力的需求，从而会引起技能溢价；同样地，对于欧美等发达国家而言，也会导致技能偏向型技术进步，从而引起技能溢价和工资不平等的扩大，从而会导致全球的技能溢价水平的提升。这主要是因为国际贸易会使得发展中国家技术水平得以提升，对于发达国家而言，出口的增加会使得本国技能密集型产品的相对价格上升，从而在"价格效应"的作用下使得本国的技术创新朝着技术水平更高的方向发展。这里假设产权保护的力度并没有变化，因此，对不同技术的需求市场仍然保持不变。但是值得注意的是，国际贸易，尤其是发达国家和发展中国家之间的贸易并不会影响技能密集型产品的长期相对价格。另外，科技进步又会降低资本品的相对价格，这是因为科学技术的发展降低了贸易的成本，这便使得进口资本品变得更为便宜（Parro，2013）。因此，从长期来看，国际贸易的发展和科学技术变化的相结合对于技能溢价产生的影响要依赖于国际贸易的强度以及技术变化的形式而产生不同结果。

9. 防御性的技术变化和 R&D 投入的增加

防御性的创新策略是为了阻止来自发展中国家的竞争而促进的技能偏向型的技术变化，因为如果发展中国家不采取严格的产权保护策略，发达国家的创新性科技进口到发展中国家则会受到发展中国家的模仿和采用，最后扩散，而这种扩散在没有严格的产权保护的情况下是低成本的。因此，在这种情况下，发达国家为了保护自己的知识产权会放弃那些发展中国家的厂商可以接受的科技，他们会将 R&D 集中于那些发展中国家的企业不能够使用的技能偏向型的技术变化上，而这种具有防御性的技术变化在早期的研究中被人们忽略了（Wood，1994），后来索尼格和维迪尔（Thoenig & Verdier，2003）的分析也证实了这一论断。

贸易可以通过扩大发达国家厂商的市场增加其产量、利润率和 R&D，从而能够加速技术变化。另外，由于 R&D 发生在发达国家，发展中国家的厂商从发达国家购买 R&D，这样也能够促进 R&D 投入的增加，通过这种机制也能够促进科技的变化，从而对技能溢价产生影响（Acemoglu，1998，Askenazy，2003）。

因为 R&D 投入是技能密集型的，促进 R&D 的贸易开放也会提高对于技能的相对需求，因而提高技能溢价。埃克霍姆和米德尔法特（Ekholm & Midelfart，2005）建立了一个技术变化、贸易与劳动力需求的模型，在这个模型中，市场规模的扩大会引起技能密集型科技更高的利润率，以及对高技能劳动力需求的增加和更高的技能溢价。同时，发达国家和发展中国家的贸易也会通过提高那些主要由高技能劳动力操作的 R&D 来提高技能劳动力的价格。因此，如果比较优势和外包的力量带来了技能劳动力价格的提高，这种或许会导致 R&D 和生产率增长的下降，另外，外包可以引致发展中国家的创新型厂商生产成本的下降而促进其科技进步。

10. 导向型的技术变化和国际贸易

企业进行科技创新和发展科技的投入一般是按照利润最大化的原则进行的，导向型的技术变化意味着科技的变化是按照这种最大化原则进行设计的，如果研发活动能够提高使用某种生产要素（一般是指资本、高技能劳动、低技能劳动等）的生产率和利润率，那么企业便会将研发资金投至能够提高使用这种要素的利润率上。例如，如果开发技能偏向型的科技能够获得更高的利润的时候，此时的技术变化则是技能偏向型的。值得注意的是，这一理论中的技术变化与前面提及的通用技术的性质有着不同，一般说来，通用技术是科学进步的结果，而与企业的利润最大化行为关联并不大，导向型的技术变化主要是用来解释生产过程中的科技创新。

决定技术变化方向的主要有两方面的因素：一方面，技术进步的价格效应，技术进步能够创造激励发展新的科技来生产相对昂贵的产品（或者相应地，使用更昂贵生产要素的技术）；另一方面，技术进步的市场规模效应，这种效应主要反映在使用这种科技创新的市场规模上，使用此科技创新的市场规模越大，越容易激励创新。因为一项科技和发明的市场规模的大小是由使用该科技的工人组成的，市场规模效应鼓励更为充裕要素的创新创造条件。但是值得注意的是，要素相对供给的增加会同时产生市场规模效应和价格效应，如果前者占主导地位的话，则会更加激励企业提高相对充裕要素的生产率；如果后者占主导地位的话，则会激励企业提高相对稀缺要素的生产率。哪种效应占主导地位是由生产要素的替代弹性决定的，当两种要素相互替代的时候，市场规模效应占主导地位，当两者相互补充的时候，价格效应占主导地位。

阿西莫格鲁（Acemoglu，2002）构建了一个包含两种生产要素、两种中间产品的模型对上述理论进行了分析。此后，阿西莫格鲁（Acemoglu，2003）又将南北贸易引入该模型，在这个模型里，南北贸易提高了技能密集型产品的相对价格，从而鼓励了该产业的科技进步，增加了技能劳动力的需求。导向技能的技术变化接着会引起技能密集型产品相对价格的下降，这与观察到的发展情况相一致。

11. 国际间的科技外溢性

帕罗（Parro，2013）将技术变化分解为两种不同的效应，即国内技术变化效应和通过贸易传播的国外技术变化效应，也就是国际间的技术变化的外溢性，他认为前者的作用要远大于后者的作用。

发达国家的科技由于外溢性会对发展中国家产生如下的影响：会相对地提高发展中国家在国际市场中的权重，从而提高整个国际市场上非技能劳动力的供给，同时引起发达国家和发展中国家的技能溢价。如果发展中国家所擅长的非技能密集型的部门的科技赶超速度更快的话，发达国家的技能溢价便会上升得更快，因为这些地区会将其要素和科技方面的比较优势都运用到技能密集型的部门，其结果是发达国家的科技外溢到发展中国家，因而会显著地提高发达国家的技能溢价。

萨缪尔森（Samuelson，2004）利用两商品的李嘉图模型表明发展中国家由于发达国家的科技外溢性而实施的科技赶超策略是如何对高技能丰富的国家产生长期的负面影响的，最大的影响便是对非技能劳动力的工资的影响。

12. 制度变化与技能溢价

美国和欧洲国家在面临同样的技能供求变化的时候会出现不同的技能溢价的情况，很多学者认为造成这种现象的一个重要原因是制度因素，这其中一个重要的机制便是工会的力量。工会会减少技能劳动力和非技能劳动力之间的工资差距，技能溢价的上升会鼓励那些技能劳动力退出工会，如果这种退出伴随着非技能劳动力生产率的下降，那么厂商便不情愿雇用那些工资相对较高的工会里的工人，这反过来又会降低工会制定的工资率。因为美国崇尚自由的市场机制，这便导致技能溢价的上升和工资更加不平等，而欧洲国家的工会力量比较强大，他们可以通过劳动力市场制度来阻止或者减弱这种不平等（如最低工资和失业保障等）。因此，对于欧洲国家而言，非技能劳动力的需求要高于美国对于技能劳动力的相对需求，但是国际贸易和技术变化可能会改变这种劳动力市场的调整过程，来自进口企业的竞争可能会减少工会工人的工资或者导致失业（Bhagwati & Deheija，1994）。生产者同低技能劳动力之间的溢价能力会因为他们可以将其产品的生产过程转移到低工资国家而提高，技能偏向型的技术变化也可能会导致工会力量的弱化，因为这会使得技能劳动力有着更多的职业选择，从而削弱工会中技能劳动力和非技能劳动力之间的联盟（Acemoglu et al.，2001）。最后，如果将全球化、科技进步和制度变迁在一个模型中进行考虑的话，可以发现欧洲国家的工人比美国的工人对于工资具有更多的平均主义的期望（Kreickemeier & Nelson，2006），这样也会对技能溢价产生影响。

作为国家制度层面的经济政策也可以通过技能偏向型的技术变化对技能溢价产生影响（Cozzi & Impullitti，2010），如通过税收改革的资本积累（He & Liu，2008，Angelopoulos et al.，2013a）以及通过监管介入的劳动力市场都会对技能溢价产生影响。安哲罗普洛斯等（Angelopoulos et al.，2013）认为资本税的削减会带来工资不平等，但是也会导致技能劳动力供给的增加，这种技能劳动力供给的增加随着社会流动性的增强而提高技能的回报率；公共教育支出政策对技能溢价的效应会随着内生的社会流动性而变化。当考虑社会流动性的时候，一项增加对非技能劳动力的教育支出的政策会降低技能溢价，同时提高技能劳动力的相对供给。因此，如果考虑资本投入的削减以及忽略社会流动性，会导致低估或者高估政府对非技能劳动力的教育支出的总量效应以及工资不平等效应；在不考虑外溢性的时候，政府增加对技能劳动力的教育支出会对产出和消费产生影响，同时，在不考虑技能溢价减少的同时会鼓励社会流动，这是因为通过支持技能劳动力提高生产效率，政府在间接提高非技能劳动力的未来收益。如果这些非技能劳动力能够顺利跃升上层社会的话，同时这类政策对社会流动性的影响被忽略的话，这些正向的结果将会再次被低估。然而，这些结果对于技能劳动力的外溢性以及对社会流动性具有正向的还是负向的影响是敏感的，前者加强了对于社会流动性、工资不平等和福利的正向效应，而后者使得社会流动性反向流动，同时使得工资不平等增加而减少了人们的福利水平。

另外，教育政策（Galor et al.，2009）和税收政策（Benabou & Ok，2001）也可以通过影响社会流动性而影响技能溢价，但它们对于社会流动性和技能溢价的共同影响并没有被研究。

13. 技能溢价的微观解释

前述对于技能溢价的分析主要从宏观方面进行，近几年有部分学者对其进行微观分析。何（He，2012）建立了一个内生入学选择跨期一般均衡模型，从而为分析技能溢价建立了微观基础。其模型解释了技术变化和人口变化在战后技能溢价的发展中起到多大的作用。在何（He，2012）所建立的模型里面，投资专用技术变化和人口规模的变化通过影响技能劳动力的相对供给和需求而影响技能溢价的均衡结果。这种技术变化通过一个主要的因素，即生产技术的资本—技能互补性来提高技能劳动力的相对需求，从而提高技能溢价。而提升了的技能溢价鼓励形成技能从而提高技能劳动力的相对供给。反过来，人口结构的变化影响经济中的年龄结构，而年龄结构的变化对技能劳动力的相对供给有着直接的影响。另外，人们在整个生命周期中有着不同的储蓄倾向，人口结构的变化也会通过改变经济中的资本积累而影响对技能劳动力的相对需求，这两种力量的相互无限循环作用对技能溢价（和大学入学率）的影响依赖于它们的需求和供给效应。

技能溢价的提升也会刺激人们付出更多的努力已上升到更为上层的社会。因此，影响技能溢价的政策也会通过人们的人力资本积累间接影响社会的流动性。同样地，那些影响人们的人力资本和社会流动性的政策也会间接影响技能溢价（Angelopoulos et al. , 2013）。

通过以上的分析可以发现，随着经济全球化的发展和科学技术变化的多样性，影响技能溢价产生的原因也越来越多样并且复杂。分析最新的关于技能溢价的研究，可以看出以下四点：第一，国际贸易和技术变化对技能溢价的影响并不会单独发生作用，而且两者之间也存在越来越多的联系，国际贸易会引起不同的国家对于技术变化的不同的反应，而科技的发展也使得国际贸易形式发生越来越多的变化，从而对技能溢价产生的影响也越来越复杂；第二，处于不同发展阶段的国家，其技能溢价对于国际贸易和技术变化的反应是不同的，发达国家受到技术变化的影响可能会更强烈一些，而发展中国家由于近三十年来才陆续施行大规模的贸易开放政策，因而其技能溢价受到国际贸易的影响更大一些；第三，不同的国家施行不同的制度，包括劳动力市场制度、税收和教育政策等也会对技能溢价产生不同的影响；第四，人们对于接受教育和培训的选择以及社会流动等方面的微观因素也对技能溢价产生不同程度的影响。

技能溢价作为工资不平等的一个重要方面，反映着接受不同教育的工人的工资状况，同时也反映出不同国家不同教育水平的教育回报率受到多方面因素的影响，因而对于一个国家发展科技、国际贸易政策、国内的制度决策有着至关重要的影响。尤其是中国作为一个特殊的发展中国家，制度在经济发展过程中起着非常重要的作用。中国于 20 世纪 80 年代末 90 年代初放开的城乡劳动力转移以及与此相关的户籍政策引致城镇劳动力市场上非技能劳动力供给的增加，90 年代末期的高等教育扩招导致技能劳动力供给的增加，2001 年中国加入 WTO 对整个国内国际贸易产生重要影响，这些因素都会对中国的技能溢价产生影响。另外，中国是否存在技能偏向型的技术变化，以及这种技术变化对接受不同教育群体的工人的工资有何影响，都是值得探讨的问题。

二、国内文献综述

国内学者对于收入不平等方面的研究较多，但是对于工资不平等以及技能溢价的研究则比较少，相关的研究主要集中在以下三个方面。

（一）科技的变化与收入的不平等

对于技能溢价的分析首先离不开对于偏向型技术变化的分析，尤其是我国作为发展中国家，是否存在偏向型的技术变化是一个值得研究的问题。宋冬林等（2010）利用改革开放以来30多年的数据，以技能型劳动的需求和技能溢价为被解释变量，考察中国技能偏向型技术进步的存在性，认为中国生产率的提高和技术进步都增加了对技能型劳动力的需求，导致劳动力市场上收入结构的变化并进而出现了技能溢价，表明自改革开放以来经济发展过程中技能偏向型技术进步的存在性。

中国技能溢价扩大的主要原因是技术进步的技能偏向性，尤其是工业和制造业部门的技术进步更倾向于使用技能劳动力，由此导致技能溢价（陶爱萍等，2018）。徐舒（2010）通过将技能偏向型技术变化纳入一般均衡模型进行分析，发现技能偏向型技术变化会对教育回报率产生影响，从而引起我国劳动力收入不平等扩大。通过RIF分解，将教育回报率分为两个效应，要素回报效应和要素结构效应，他认为教育的回报效应拉大了收入的不平等，而教育的要素结构效应则降低了收入的不平等，但是总体来看，还是导致了收入的不平等，但是他在分析的过程中利用的是CHNS数据里的收入数据而不是劳动力的工资数据，收入方面的数据并不能真实地反映劳动力的工作报酬，因为劳动力的收入不仅仅包括工资收入报酬，还包括其他方面的收入，如奖金、各种津贴、补贴等，另外还包括财产性收入，这些方面的收入一般同劳动力所处的工作单位的性质以及其他方面的客观原因所致，而很可能同劳动力的受教育水平并没有多大的关系。如近几年应用颇广的人工智能技术是典型的技能偏向型技术，人工智能的应用进一步提高对技能劳动力的需求及其工资水平，提高技能溢价（吴湛，2019）。

    技能偏向型技术变化一般会带来发达国家的技能溢价，从而加剧了工资的不平等。但是，在一个内生演化的动态模型中纳入技能供求关系，动态分析技能偏向型技术变化与工资不平等之间的关系，则又可能产生不同的结果。因此，从短期看，技术进步率的提升会导致工资的不平等，但是从长期来看，技能偏向型技术变化会降低不同技能劳动力之间的工资不平等（许志成、闫佳，2011）。工资不平等的发展是由多方面的因素决定的，包括技能劳动力供给的数量和技术进步率。而李欣（2011）认为不管从短期还是从上期来看，技术进步对工资差距的影响都是显著的，尤其对于中国作为发展中国家而言，FDI 的引进是提高本国技术进步的一种方式，因此在引入 FDI 的时候，将会使得本国的技术进步更偏向于使用技能劳动力，从而使得技能劳动力和非技能劳动力之间的工资差距进一步扩大。值得注意的是，技术进步对不同区域的技能溢价产生的影响也不同，开放程度越高的区域，技术进步对技能溢价影响越积极（欧阳秋珍，2017）。

    中国的数据经验表明在技术发展过程存在偏向型的技术变化，因而存在着技能溢价的想象，资本设备和技能劳动力之间存在着互补性，而这种互补性是由于技术进步引发的，正是这种机制才导致技术进步偏向于使用更多的技能劳动力，从而引起技能溢价，而技术进步的技能偏向性大小在数值上等于可测算的技能与非技能劳动收入份额的相对增长率（董直庆、蔡啸，2013）。虽然技术进步能够在一定程度上促进中国的经济发展和人民生活水平的提高，但是也不能够任由市场经济自由发展，因为在这种情况下，技术进步将会更加偏向于使用更多的资本以及技能劳动力，从而使得工资不平等不断加剧，劳动力市场分化的现象不断恶化，从长期来看，必然会对经济的增长和发展产生不利的影响。因此，需要重视政策引导地区和行业选择适宜的技术进步方向以改善这种工资不平等的现象（王林辉、韩琳娜，2012）。但是反过来，技能溢价对技术创新的影响是呈现"U"型的非线性特征，这主要是因为技能溢价有利于人力资本积累，高技能相对工资上涨引发人力资本投资增加（郝楠，2017；刘运转，宋宇，2019）。

    在经济转型时期，技能劳动力供给的约束也会对经济转型的路径和收入不平等产生影响。对于不同经济体而言，技能劳动力的供给是不同的，因而会对经济的长期增长和收入不平等产生影响（邹薇、刘勇，2010）。

（二）国际贸易与技能溢价

冯冰和孔元（2011）分析了不同的贸易方式对技能溢价的影响，他们将科技活动人员作为技能劳动力、将非科技活动人员作为非技能劳动力来进行分析，一个行业的对外开放程度采取的是出口依存度来进行衡量，并且分别采用一般贸易和加工贸易出口在总出口中的比重衡量不同的贸易方式，通过对 33 个行业的回归分析认为不同的贸易形式对不同类型的劳动力的工资会产生不同的影响。一般贸易对科技活动人员的相对工资的影响最为显著，其占总贸易量的增加将会引起此类人员工资的增长，而加工贸易对这类人员的相对工资的影响并不显著。与此同时，贸易自由化的发展会通过使得企业技术水平偏向于使用更多的技能劳动力而增加对技能劳动力的需求。他们认为，目前之所以会存在大学生就业难的问题与技能溢价并存的主要原因是当前的以加工贸易为主的贸易方式会使得经济体的劳动力需求结构和由于高等教育扩招而引起的劳动力供给结构不匹配所致。从出口贸易看，出口会减少中国高技术产业的技能溢价，引进国外技术和 FDI 会增加技能溢价（欧阳秋珍等，2017）。出口产品质量与技能溢价呈正向变化的关系（喻美辞、蔡洪波，2019）。出口产品质量越高，对技能人才的需求也就越多，从而会引起技能溢价。全球化会引致国际分工越来越细分领域，葛美瑜等（2020）利用世界投入产出数据库的数据发现，发达国家和发展中国家由于国际分工而产生技能溢价的原因并不同，发达国家或地区技能溢价主要是因为服务业参与国际分工，发展中国家则主要是因为制造业参与全球分工。

从贸易对不同行业和不同地区的影响看，贸易开放对第一产业的劳动力收入水平的影响并不显著，对第二、第三产业的影响较为显著，尤其是对第二产业的技能溢价影响最为显著。贸易开放对沿海地区的技能溢价的影响要显著高于内陆地区（黄灿，2019）。企业微观数据方面的经验研究则表明贸易开放对我国企业工资差距扩大的直接效应为正，但是影响不大，增加技术工人的供给环节是我国工资差距的一种可行的渠道（李欣，2011）。不同企业类型的技能溢价也存在较大的差异性，技能溢价与企业绩效、创新能力、生产率水平、外资参与度成正比，这些方面表现越好，技能溢价水平越高（孙静水、丁宁，2019）。

（三）教育与技能溢价

一般说来，教育投入的提高将会增加技能劳动力的供给，从而降低技能溢价。而唐礼智、李雨佳（2020）通过1994~2016年中国省级面板数据发现，教育投入对技能溢价的影响在不同发展阶段是不一样的，并且不同类型的教育投入对技能溢价的影响也不同。当人力资本水平较低或者较高时，公共教育投入对技能溢价的影响并不明显，而私人教育投入对技能溢价的影响效应与人力资本代际转移效率有关。但是当人力资本水平处于中间水平时，公共教育投入的影响愈发明显，私人教育投入的增加会提高技能溢价。

三、简评

从上面的文献分析中可以看出，目前国外关于技能溢价研究的对象主要集中于欧洲国家、美国以及墨西哥等拉丁美洲国家，近几年也有不少学者将研究的目标集中于印度尼西亚等东南亚国家。对于技能溢价成因的分析主要是从技能劳动力的供求、技能劳动力的需求以及制度方面的因素三个方面进行分析，供给方面的因素主要包括教育、技能培训、技术变化以及劳动力的迁移，需求方面的分析则主要集中于技能偏向型的技术变化和全球化的发展，制度层面的分析则主要包括工会力量的变化和最低工资的变化，工会力量的分析主要是针对欧洲国家，而最低工资则主要是美国等。

随着经济全球化的发展和科学技术变化的多样性，影响技能溢价的原因也越来越多样并且复杂。最新的关于技能溢价的研究可以看出：第一，国际贸易和技术变化对技能溢价的影响并不会单独发生作用，而且两者之间也存在越来越多的联系，国际贸易会引起不同的国家对于技术变化的不同反应，而科技的发展也使得国际贸易形式发生越来越多的变化，从而对技能溢价产生越来越复杂的影响；第二，处于不同发展阶段的国家，其技能溢价对于国际贸易和技术变化的反应是不同的,发达国家受到技术变化的影响可能会更强烈一些,而发展中国家由于近30年来陆续施行大规模的贸易开放政策,因而其技能溢价受到国际贸易的影响更大一些;第三,不同的国家施行不同的制度,包括不同的劳动力市场制度、税收和教育政策等也会对技能溢价产生不同的影响;第四,人们对于接受教育和培训的选择以及社会流动等方面的微观因素也对技能溢价产生不同程度的影响。

国内对于技能溢价方面的研究没有关于技能溢价演变的分析,而且对于技能溢价的成因分析主要集中于偏向型技术变化,但是对于偏向型技术变化的存在性检验的文献则很少,董直庆(2010)对于偏向型技术变化的检验主要是从三种不同类型的技术方面进行分析,并没有对不同的行业进行分析。

技能溢价作为工资不平等的一个重要方面,反映着接受不同教育的工人的工资状况,同时也反映出不同国家不同教育水平的教育回报率,其受到多方面的影响,因而对于一个国家发展科技、国际贸易政策、国内的制度决策有着至关重要的影响。尤其是中国作为一个特殊的发展中国家,制度在经济发展过程中起着非常重要的作用。中国于20世纪80年代末90年代初放开的城乡劳动力转移以及与此相关的户籍政策引致城镇劳动力市场上非技能劳动力供给的增加,90年代末期的高等教育扩招带来技能劳动力供给的增加,2001年加入WTO对中国国际贸易产生重要影响,这些因素都会对中国的技能溢价产生影响。因此,需要对这些方面进行深入的分析。

第三章

中国技能溢价的基本事实

对任何一个经济现象的研究都是始于对既有事实的观察，只有这样才能从中发现规律，进而思考现象背后的机理和作用机制，对于技能溢价的研究也是如此。因此，本章主要对中国技能溢价的现象做一个简单的说明，判断中国是否存在技能溢价现象，并与其他国家的技能溢价进行比较分析。

利用工资而不是收入对技能溢价现象进行分析的主要原因包括以下三点。首先，在目前已有的研究技能溢价的文献中，所利用的都是不同受教育水平的劳动力的工资水平。其次，工资收入是劳动力收入的主要来源，根据新古典经济学关于工资的理论，假设劳动力市场是完全竞争的，此时工资体现的是人力资本的价格，而目前中国在经济转轨的过程中，劳动力市场正在发生着剧烈的变动，工资报酬也越来越多地取决于劳动力自身的人力资本水平，本书中所使用的受教育水平也是劳动力人力资本水平非常重要的方面。因而，通过对不同受教育水平的劳动力的工资差距进行分析，可以更好地帮助理解工资决定机制的发展和演变。最后，虽然收入的不平等是我国面临的一大问题和难题，对收入不平等的描述可能更能反映一些社会问题和经济问题。另外，收入包括劳动收入和非劳动收入，劳动收入是指各类劳动力通过劳动获得的各种报酬，不仅包括工资，还包括其他劳务收入，非劳动收入则指劳动力通过劳动以外的其他途径获得的各种收入，即要素收入、政府转移支付和捐赠等。前面已经论述过，工资体现的是人力资本的价格，如果用工资以外的其他方面的收入来刻画技能溢价将会导致一些事实可能会被掩盖，在分析技能溢价的时候会产生偏误，因而需要利用工资数据进行分析。

第一节　数据来源说明

目前关于中国技能溢价事实的讨论大多基于宏观经济数据，为了更全面和准确地刻画中国技能溢价的情况，本章将同时使用宏观数据和微观数据。使用的宏观数据主要来源于历年《中国统计年鉴》中按行业分职工平均工资。本章的统计描述使用的微观数据主要是基于中国健康与营养调查数据（China health and nutrition survey，CHNS）。调查始于 1989 年，并于 1991 年、1993 年、1997 年、2000 年、2004 年、2006 年、2009 年、2011 年以及 2015 年分别对上一年的经济、人口、营养和健康等状况进行了调查。该调查依据地理位置、经济发展程度、公共资源的丰裕程度和健康指数覆盖了中国东、中、西部 8～15 个省份①。调查除了选取每个省的省城和较低收入的城市外，在每个省依据收入分层（高、中、低）和一定的权重随机抽取 4 个县，每个县抽取县城镇和按收入分层抽取 3 个村落，每个村 20 户，城市内的城区和郊区是随机选取的②，此调查的内容涉及经济发展、公共资源、健康以及人口特征等指标，在收入数据方面包括月均工资收入、奖金、周工作时间、其他现金收入、实物收入、各种津贴等，另外还包括被调查者的年龄、性别、受教育年限等。

在获取 CHNS 数据进行微观分析时，首先需要对数据进行相关的整理，剔除掉无效的数值。在研究过程中需要的数据包括每个人的工资情况、受教育水平情况、工作状况以及其他相关的个人信息。在本书研究中，工资数据利用的是每人月均工资情况，其等于月平均基本工资与月均奖金之和。在进行匹配以及筛选无效变量之后可以得到的有效样本数量情况如下：1989 年为 4118 份，1991 年为 3385 份，1993 年为 2955 份，1997 年为

---

① 1989 年、1991 年、1993 年调查的 8 个省份分别为辽宁省、江苏省、山东省、河南省、湖北省、湖南省、广西壮族自治区、贵州省；1997 年的调查将辽宁省替换为黑龙江省；2000 年、2003 年和 2005 年对上述 9 个省份都进行了调查；2009 年和 2011 年调查的时候加入了北京市、上海市和重庆市三个直辖市，2015 年的调查新加入了云南省、浙江省和陕西省。

② 王海港：《中国居民家庭的收入变动及其对长期平等的影响》，载于《经济研究》2005 年第 1 期。

3007 份，2000 年为 3091 份，2004 年为 1941 份，2006 年为 2076 份，2009
年为 2445 份，2011 年为 3800 份，2015 年样本量为 4006 份，总有效样本
量为 30825 份。[①]

　　已有文献经常使用多种指标来衡量工资不平等，这些指标主要包括基
尼系数、不同群体劳动力收入的方差以及分位数的。在本书对整体劳动力
以及不同技能劳动力的工资差距进行分析时主要使用劳动力工资的方差、
90%～50% 分位数差以及 50%～10% 分位数差。其中，工资的方差衡量的
是劳动力工资不平等的总体变化情况；90%～50% 分位数差衡量了高收入
群体与中等收入群体的收入差距，其反映工资分布上侧分位数的变化情
况；同样地，50%～10% 分位数差衡量的是中等收入群体与低收入群体的
收入差距，其反映的是收入分布下侧分位数的变化情况。综合来看，上述
三个指标能够反映劳动力工资收入分布的整体变化特征。

第二节　中国劳动力工资不平等变化趋势

　　中国劳动力工资差异包括区域、产业、行业、岗位等方面的差异，不
同受教育水平的劳动力的工资差异更多体现在不同行业和不同岗位的差
异。从不同行业工资差距看，2013～2019 年，中国工资最低行业与工资最
高行业的工资之比从 2.88∶1 提高到 3.33∶1。2019 年，工资最高的两个行
业包括信息传输、软件和信息技术服务业，科学研究和技术服务业，这两
个行业属于高技能劳动力密集型行业，工资水平相对较高。工资最低的两
个行业为住宿和餐饮业，居民服务、修理和其他服务业，这两个行业属于
低技能劳动力密集型行业，工资水平相对较低。从不同工作岗位看，2019
年最高与最低工资之比为 2.63∶1，其中工资最高的两个岗位为单位负责人

---

　　① 本研究利用 stata 进行相关的数据处理和分析，在进行筛选的过程中，使用的是 CHNS 数
据库中 Master_Educ_201410 中的 educ_00，Master_Income_Categories_201410 中的 wages_01 和 jobs_00，
Master_ID_201410 中的 rst_00 以及 Master_ID_201410 的 mast_pub_01。由于当年发布的数据是对上一
年度的调研数据，1989 年的数据实际上为 1988 年的数据，1991 年为 1990 年，以此类推，因此在后
面论述中均以调研当年数据进行分析。如需具体程序，可与笔者联系，下同，并且将不再赘述。

和专业技术人员，工资最低的岗位为生产、运输设备操作人员及有关人员。前者一般需要更高技能的劳动力，工资水平相对较高。相对而言，后者的技能水平则相对较低，工资水平也相对较低。从宏观数据看，高技能劳动力相对密集的行业和岗位工资要远高于低技能劳动力相对密集的行业和岗位。从微观数据看，无论是总体上劳动力工资差异还是不同教育水平劳动力工资差异均呈现扩大的趋势。

一、我国劳动力工资不平等呈现扩大趋势

图 3-1 展示的是 1988～2014 年中国劳动力工资不平等的总体变化趋势，利用的数据是 CHNS 中 1988～2014 年月工资及奖金之和的对数工资，反映的是劳动力工资的方差和不同分位数差的变化。其中，不同分位数差主要包括 90%～50% 分位数差和 50%～10% 分位数差。从图 3-1 中可以看出，1988～2014 年中国劳动力工资的方差从 0.24 上升到了 0.54，工资方差不断扩大，上升幅度达 125%。不同的分位数差则能够进一步揭示工资不平等变化的更多信息。从图 3-1 中可以看出，在样本区间内，中国劳动力工资不平等的上升主要是由 90%～50% 分位数差引起的，50%～10% 分

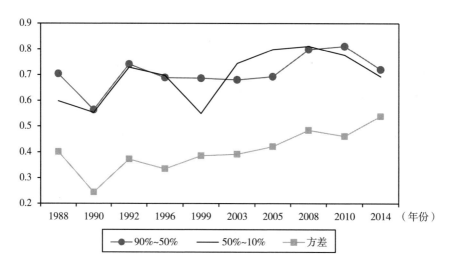

图 3-1　1988～2014 年中国劳动力工资不平等的总体变化趋势

资料来源：根据 CHNS 相关数据计算得到。

位数差呈现的是波动式变化，其在整个样本区间变动幅度较大。换句话说，从 1988 ~ 2014 年，中国劳动力工资不平等的扩大主要是由于高工资劳动力与其他工资水平的劳动力的工资差距拉大引起的。

为了能够从劳动力工资分布的形态上更为直观地认识工资不平等的变化情况，可以从不同时期的核密度工资函数图进行分析。本书将样本期分为三个阶段：第一个阶段是 1988 ~ 1992 年；第二个阶段是 1996 ~ 2005 年；第三个阶段是 2008 ~ 2014 年。从图 3 - 2 可以看出，第一个阶段到第三个阶段，劳动力工资的密度函数都是偏右的。这与图 3 - 1 的结论相一致，表明劳动力工资的上侧分位数与中位数间的差距在不断扩大。这再次验证了处于收入分布上侧分位数到中位数之间的劳动力工资分化是造成整体工资不平等的主要原因。

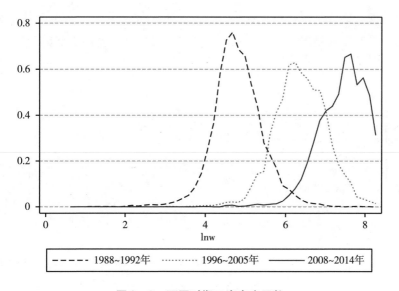

图 3 - 2　不同时期工资密度函数

上述的分析引起这样一个思考，即获得高工资的劳动力其受教育水平是不是也要高于其他工资水平的劳动力，是否获得高工资的劳动力，其受教育水平也要高于其他工资水平的劳动力。下面需要考虑不同受教育水平的劳动力的工资波动情况，这里把劳动力分为两类：一类是获得大专及以上学历的劳动力，称之为技能劳动力；另一类是学历为高中及以下的劳动力（在这里把中专学历的劳动力等同于高中劳动力），称之为非技能劳动力。

二、中国劳动力工资不平等分受教育水平变化趋势

图3-3和图3-4分别表示在中国获得大专及以上学历的劳动力和高中及以下学历劳动力工资不平等变化趋势。从图3-3中的方差变化可以看出，拥有大专及以上文凭的劳动力之间的工资差距是逐年上升的，方差的最低值出现在1990年，为0.097，到2014年达到最高值为0.5，这说明从总体看，这部分劳动力的工资不平等是呈逐年上升的趋势的。其中90%~50%分位数差也表现出同样的变化趋势，即获得大学及以上文凭的劳动力中，高收入者与中等收入者之间的差距是呈逐年上升的趋势，而50%~10%分位数差则表现出不一样的特征，中等收入者与低收入者之间的差距是波动的。也就是说，对于获得大专及以上文凭的劳动力来说，其工资分布的不平等主要是由于高收入者与其他收入者之间的差距引起的。

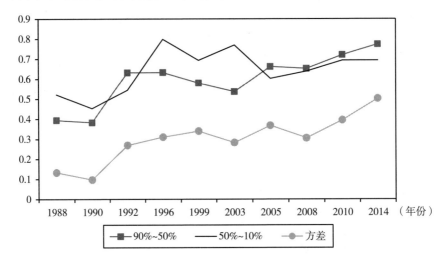

图3-3　1988~2014年中国大专及以上学历劳动力工资不平等变化趋势

从图3-4中可以看出，高中及以下文凭的劳动力，其方差波动变化要远小于拥有大学及以上文凭的劳动力。但是方差一直处于比较高的水平，这说明从总体上看，这部分劳动力的工资差距一直都比较大。在这部分劳动力中，50%~10%分位数差也呈现出波动式变化，90%~50%分位数差的变化趋势与方差的变化趋势是一致的，这也说明这部分劳动力的工资不平

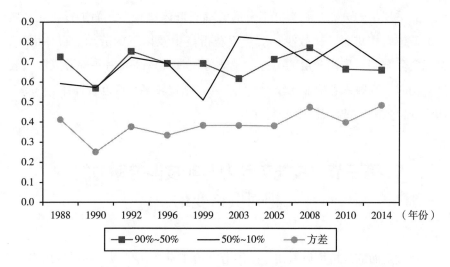

图3-4　1988~2014年中国高中及以下学历劳动力工资不平等变化趋势

等变化主要是由高收入者与其他收入者之间的差距引起的，与前面的分析都是一致的。

图3-5表示的是不同受教育水平劳动力的工资分布密度，这可以从总体上把握不同受教育水平的劳动力的工资分布情况。从图3-5中可以看出，拥有大学文凭的劳动力的工资明显高于无大学文凭的劳动力的工资，

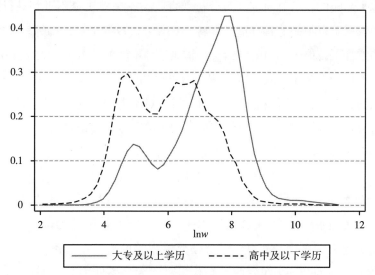

图3-5　不同受教育水平工资密度

而且其呈现出的分布是具有高工资的劳动力群体比较多，而工资收入比较低的群体则相对而言比较少；对于仅获得高中及以下的劳动力群体而言，其工资分布则呈现出分层的态势，一部分人收入较高而另一部分人收入较低。同时，高收入者明显比较少，低收入者则比较多，这也就解释了50%~10%分位数差的波动比较强烈。

第三节　技能劳动力与非技能劳动力的相对供给变化

　　通过上面的分析可以看出，中国劳动力工资变化呈现出不平等的态势，不同性别、不同受教育水平的劳动力之间都存在着工资不平等的情况。在前面分析中已经指出，工资不平等的变化与劳动力的受教育水平是息息相关的，而从前面的分析也可以看出，拥有大专及以上学历的劳动力，其工资水平要比没有获得大专及以上学历劳动力高，而且不平等情况要比没有获得大专及以上学历的劳动力稳定。众所周知，在劳动力市场上，工资反映的主要是劳动力的人力资本水平，而人力资本水平的高低主要是受到劳动力的受教育水平影响的。已有研究通过分析教育收益率来对工资不平等进行解释，认为教育对工资不平等具有重要影响。中国从1999年开始的高等教育扩招在短期内增加了技能劳动力的供给。在其他条件不变的情况下，大学生劳动力供给的增加带来的应该是大学生相对工资的下降，但是事实情况却并非如此。因而，在分析中国技能溢价之前，需要对本书研究的样本期间的教育情况进行分析，也即对不同技能的劳动力的供给和需求情况进行分析，从而能够为本书对技能溢价的分析提供更好的基础。

　　表3-1计算了样本期间劳动力的平均受教育年限以及接受不同教育水平的劳动力的平均收入。从表3-1中可以看出，在样本期间（1988~2014年），劳动力的平均受教育年限从1988年的7.82上升到2014年的11.48，这表明劳动力的平均受教育年限有较大幅度的提高。在工资收入方面，不同受教育水平的劳动力工资收入变化具有很大的不同，劳动力工资收入增速随受教育水平提高而提高，小学及以下受教育水平的劳动力工资增长最

慢，表现出"起步早，增长慢"的特点。1988 年，小学及以下受教育水平
的劳动力平均工资约为 124.24 元，工资水平最高，这一时期中国劳动力市
场呈现出"脑体倒挂"的现象。但是到 1990 年，小学及以下受教育水平
的劳动力工资便被大专及以上劳动力超越，到 1999 年为工资收入最低的群
体。反观大专及以上劳动力平均工资收入，1988 年为工资收入最低的群
体，到 1990 年便成为工资收入最高的群体，此后一直保持快速增长，到
2014 年时月均工资达到 5741 元，为小学及以下受教育水平劳动力的两倍
多。根据新古典经济学的工资决定理论，这部分劳动力供给相对增加带来
的应该是他们相对收入的下降，但是根据表 3-1 中的数据，这种情况并没
有发生，取而代之的是大学生劳动力工资的大幅度上涨。同时，在我国的
劳动力市场上还出现另外值得关注的问题，那就是农村劳动力向城镇劳动
力市场的转移，这部分转移的劳动力代表的是非技能劳动力供给的增加①。
在这两种力量的相互作用下，我国的技能溢价会向着什么方向发展？

表 3-1　　　　　　　劳动力平均受教育年限与平均工资水平

年份	平均受教育年限（年）	小学及以下（元/月）	初中（元/月）	高中及职业技术教育（元/月）	大专及以上（元/月）
1988	7.82	124.24	122.75	122.58	118.51
1990	8.61	144.05	133.61	137.35	144.09
1992	8.81	214.37	208.88	210.02	223.72
1996	9.13	477.54	473.50	483.65	561.43
1999	9.60	568.75	638.27	677.69	831.08
2003	10.52	683.27	886.39	973.78	1339.98
2005	10.70	847.71	1023.67	1244.59	1977.99
2008	10.30	1298.97	1530.30	1828.61	2531.35
2010	10.98	1755.26	2129.20	2646.31	3824.53
2014	11.48	2703.73	3470.07	4222.80	5741.02

资料来源：根据 CHNS 数据整理而来，其中该表里的数据是根据受教育水平与工资水平相匹配之后，经过筛选剩下的有效样本经过测算得出来的，工资为月平均工资收入。

①　根据《2014 年全国农民工监测调查报告》，2013 年，在所有的农民工中，受教育水平为高中及以下的占比为 93.7%，2014 年这一比重为 92.7%。而根据中国农村住户调查年鉴，这一数字在 2006 年及以前则更高，为 95% 以上。因而，将那些在城镇劳动力市场务工的农民工作为非技能劳动力。

如图 3 - 6 所示，为 1996 ~ 2018 年大专及以上学历的劳动力占总就业人口的比重。不难看出在中国劳动力市场上，技能劳动力所占的比重一直在上升，尤其是 2008 年以来，该比重迅速上升。1996 年，大专及以上学历的劳动力占总就业人口的比重为 2.8%，2004 年这一比重则上升为 7.23%，到 2018 年则增加为 19.1%，这其中一个重要原因便是大学扩招以后，大学毕业生在大学毕业以后进入劳动力市场，增加了技能劳动力的供给。

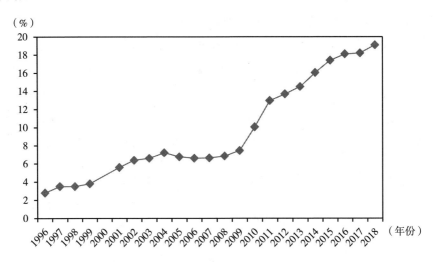

图 3 - 6 1996 ~ 2018 年大专及以上学历劳动力占总就业人口比重

资料来源：《中国劳动统计年鉴》，其中就业人口均是以城镇劳动力市场为标准，下文如无特殊说明，均指城镇劳动力市场。

图 3 - 7 反映的是 1985 ~ 2019 年中国农业劳动力转移情况。从图 3 - 7 中可以看出，改革开放以来，中国的农业劳动力转移的总量一直在增加，并且在 2000 年前后，选择外出务工的农村转移劳动力呈现出跨越式增长的特点，并且从 2000 年开始，选择外出务工的转移劳动力数量超过了选择在家乡务工的劳动力的数量。根据 2019 年农民工监测调查报告，在全部农民工中，大专及以上占比仅为 11.1%，同比提高 0.2 个百分点。因此，这部分转移的劳动力增加了城镇劳动力市场上那些高中及以下的劳动力的数量。

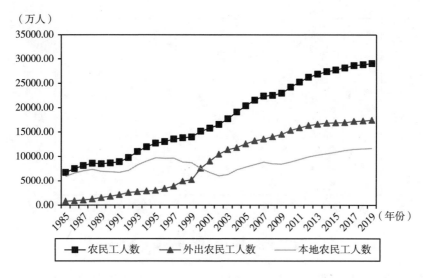

图 3 - 7　1985～2019 年中国农业劳动力转移情况

第四节　中国技能溢价的演变分析

　　第三节分析了中国目前的平均受教育情况以及不同受教育水平的劳动力的工资变化及供给情况。接下来将分析中国的技能溢价在平均受教育水平增加的同时会以何种趋势变化。

　　如图 3 - 8 所示，1988～2014 年，中国的技能溢价呈现出逐步上升的趋势。1988 年，技能溢价水平为负，存在着所谓的"脑体倒挂"的现象，在这一段时间，社会上比较普遍的现象是脑力劳动力的报酬低于或者等于体力劳动力相同条件下取得的报酬。但是随着经济社会的发展，到了 20 世纪 90 年代这一现象得到了缓解，如 1990 年，技能溢价水平仅为 0.05，技能劳动力和非技能劳动力之间的工资差距虽然非常小，但是劳动力的收入结构已经是"正挂"而不是"倒挂"。此后的技能溢价水平一路攀升，只有在 2008 年出现暂时的下降，从 2005 年的 0.59 降低到 2008 年的 0.40，2008 年的特殊情况有可能是受到 2008 年国际金融危机的影响，在此期间我国的经济发展，包括劳动力市场的就业也受到了相当大的冲击，故而出现暂时下降的情况。随着危机的缓解，技能溢价水

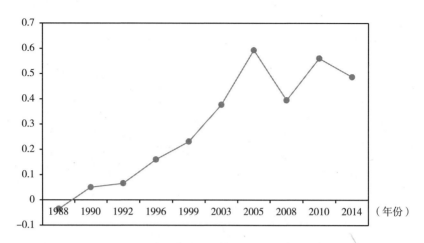

图 3 – 8 1988 ~ 2014 年中国技能溢价变化趋势

平又逐渐上升，到 2010 年上升到了 0.56，2014 年仍然保持在 0.487 的较高水平。

在这里值得一提的是，近年来所谓的"新脑体倒挂"现象，即民工工资高于大学毕业生的现象常有发生。例如，一个勤奋的快递员月收入可达到 5000 ~ 8000 元，一个寒窗 16 载的大学毕业生，起薪可能不到 2000 元/月①。其实，针对刚毕业的大学生而言，工资低是比较正常的现象，因为他们没有工作经验，而那些快递员很多是初中毕业或者高中毕业便进入劳动市场，其积累的工作经验要远多于刚毕业的大学生。并且衡量一个人的人力资本水平不仅是其受教育水平，还包括其工作经验等各方面的因素，刚毕业的大学生工资低，但是在工作若干年后，其工资翻番的可能性要远大于初中毕业或者高中毕业的劳动力。也就是说，对于目前月薪 5000 元 ~ 8000 元的快递员，工作十年之后，如果他还从事快递员的工作，他的工资翻两番的可能性会很小，而对于起薪只有 2000 元的大学生而言，他工作十年之后，月薪增长十倍的可能性都有。故而这种所谓的"新脑体倒挂"现象只是对社会上出现的一些特殊现象的解释，对真实经济现象背后所蕴含的深层次原因并没有过强的解释力。另外，本书使用的 CNHS 数据所统计的劳动力，大学刚毕业的学生所占的比例很小。

---

① 《新脑体倒挂》，http：//www.eeo.com.cn/xnt/。

第五节　技能溢价演变的国际比较

图 3 - 9 反映的是中国与世界主要国家技能溢价情况的比较分析。虽然 OECD 国家利用的是获得高等教育水平人口的工资相对于接受过中学教育但是没有接受高等教育人口的工资，但是从图 3 - 9 中还是可以看出来中国和 OECD 中发达国家在技能溢价变化方面的区别。自 2000 年以来，世界主要国家中除美国和巴西，其他国家的技能溢价水平都相对比较稳定，如英国在 2000 年获得高等教育水平人口的相对工资指数为 160，到 2016 年则为 150。技能溢价水平最低的新西兰，2000～2012 年，这一数值一直维持在 120 左右，此后虽然有所上升，但到 2014 年开始呈现下降的趋势，2016 年为 132。发达国家中，美国技能溢价水平最高，一直保持在 170 以上的高位，最高时的 2009 年达到 179，但是其整体变化趋势较为平稳。中国的技能溢价水平在这一阶段波动则比较大，2000 年为 137，到 2005 年时为 158，到 2014 年则为 135。巴西的技能溢价相较于中国而言比较稳定，但

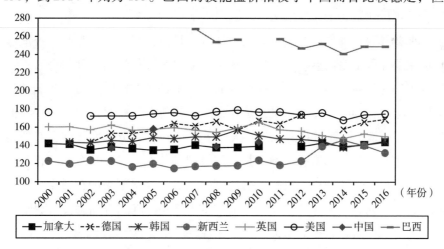

图 3 - 9　2000～2016 年中国与世界主要国家获得高等教育水平人口的相对工资比较

注：（1）接受过中学教育但是没有接受高等教育 = 100；

　　（2）2007 年和 2008 年之间的数据来源略有变化。

资料来源：除中国以外的国家的数据来源于 *Education at a Glance* 2014：*OECD Indicators*，表 A6. 2a：http：//www. oecd-ilibrary. org/education/education-at-a-glance-2014_eag-2014-en。

是技能溢价水平要比中国高。

从图 3-9 以及相关的分析可以看出，中国的技能溢价在国际上与其他国家相比较而言有其一般性也有其特殊性。一般性即中国也存在着技能溢价现象，并且技能溢价水平较一般的发达国家而言比较高，特殊性则表现在其波动性比较大，这与中国处于市场经济的转轨时期，劳动力市场还存在诸多问题是分不开的。

第六节　本章小结

中国出现了劳动力平均受教育水平提高与技能溢价同时并存的现象，尤其是自 1999 年大学扩招之后，大学劳动力供给的增加并没有降低技能溢价，反而使之增加。而与此同时，农业劳动力的转移给非农业以及城镇劳动力市场注入更多的非技能劳动力。我国劳动力市场上出现的特殊现象便是技能劳动力和非技能劳动力供给同时增加伴随着技能溢价的上涨。通过与国际的比较分析可以看出我国的技能溢价变化与其他国家的变化有所不同，呈现出波动式上涨的情况。

那么导致这种现象产生的原因是什么？目前已有研究认为产生技能溢价的主要原因是偏向型技术变化、国际贸易以及其他制度方面的因素，那么我国作为发展中国家，是否存在偏向型技术进步？国际贸易对我国的技能溢价会产生影响吗？作用机制是什么？在其他发展中国家无效的经典的 H-O-S 理论是否同样对我国无效？大学生扩招和农业劳动力转移会对技能溢价产生影响吗？如果有影响，其作用机制是什么？以上几个问题正是本书写作的出发点和动机，也是本书的创新之处。在接下来的章节中，本书将从这几个问题出发，通过构建理论模型说明这些现象背后的理论机制，并且通过我国实际数据的验证，对上述现象一一进行解释和分析。

第四章

中国是否存在偏向型技术变化

技术进步在推动世界经济发展的过程中发挥着重要的作用。但是不可否认的是，在经济全球化的背景下，劳动力市场的健康有序发展对经济增长也起到至关重要的作用。无序和混乱的劳动力市场、不同劳动力收入差距的拉大以及失业等问题都会对经济增长构成严重的威胁。作为经济发展的两个重要方面，技术进步和劳动力市场存在着千丝万缕的联系，两者可能是相互促进的，也可能会存在相反的作用机制，技术进步能够提高企业的劳动生产率从而增加企业的利润，促使用人单位能够创造更多的就业机会，而这些就业机会能够与技术进步相适应，但与此同时，技术进步也会使得那些因为技术过时而无利可图的工作岗位减少，从而对劳动力市场产生影响。从最近几年中国技术进步与劳动力市场的情况看，"机器换人"正在挤出部分就业岗位，国际机器人联合会（IFR）数据显示，中国每万名制造业工人机器人拥有量正在迅速增长，2016 年已经超过世界平均水平。以工业机器人为例，电气电子设备和器材制造连续三年成为中国市场的首要应用领域，2018 年销量 4.6 万台，占中国市场总销量的 29.8%，其次为汽车制造业、金属加工业和食品制造业①。相应地，这些行业就业人数在不断减少。电子机械及器材制造业从业人员由最高时的 2013 年 2 月的616.9 万人降低到 2018 年 12 月的 547 万人，减少了 69.9 万人。汽车制造业、金属加工业和食品制造业的从业人员近几年也均出现减少的情况②。

戈尔登和卡茨（Goldin & Katz，1998）指出，机械化大生产取代手工

---

① 数据来源于《全球机器人报告 2019》。

② 数据来源于国家统计局。

制作的机械化倾向于使用更多的低技能劳动力，而自动化和智能化取代机械化大生产则倾向于使用更多的高技能劳动力，而技术进步的这种倾向于使用不同的技能劳动力的现象被称为"偏向型技术进步"。

自 20 世纪 60 年代起，美国的劳动力市场出现各种看似矛盾的问题，如由于历史的和当时的各种原因，引起技能劳动力相对供给的增加和居高不下的教育回报率并存等结构性问题而导致的工资结构宽化等现象的出现，此后欧洲等发达国家也相继出现类似的问题。很多学者便开始关注引起这一现象的原因，由此产生了关于技能偏向型技术进步理论，这一理论的产生为解释这些变化提供了理论上的支持。奥特尔、列维和马内恩（Autor, Levy and Murnane, 2003）基于阿西莫格鲁（Acemoglu, 2002a; 2002b）针对技能偏向型技术进步引起的这种收入不平等问题及其作用机制进行了解释，他们认为科学技术的发展，尤其是计算机的大量使用会对不同技能类型的劳动力产生影响，尤其是计算机价格的下降增加了对技能劳动力的需求，因为越来越多的企业开始使用计算机，而这类高技术产品是偏向于使用更多技能劳动力的。奥特尔等（Autor et al., 2006）通过理论分析和实证研究认为技术进步的技能偏向能够很好地解释美国劳动力市场出现的结构宽化和极化。虽然也有学者指出技能偏向型技术变化的理论研究与现实经济情况存在一些矛盾（Card & Dinado, 2002），但是该理论在解释目前存在的技能溢价现象方面仍然发挥着巨大的作用。

目前学术界主要利用欧美等发达工业化国家的数据对偏向型技术进步进行检验，对于发展中国家的分析和检验则相对较少。由于不同国家的经济发展水平和资源禀赋存在着巨大的差异，因而不同国家技术进步呈现出多样性和阶段性的特征。例如，已有研究认为欧美发达国家呈现出互补的关系，也就是技术进步与技能劳动力之间是互补的，这种技术进步是偏向于技能劳动力的（Bratti & Matteucci, 2004）。但是印度作为发展中国家，其制造业中的技术进步和技能就表现出相互替代的特征，也就是说，在印度的制造业中，其技术进步并不是偏向于技能劳动力的（Berman et al., 2003）。

对于中国是否存在偏向型技术变化的研究则更少，宋冬林（2010）通过改革开放以来中国的相关数据分析，认为从整体上而言中国存在偏向型

技术变化，他还将技术进步进一步细化，分为中性、非中性和资本体现式
的技术进步。通过分析发现这三种不同类型的技术进步都会增加对于技能
劳动力的需求。特别是当期资本体现式技术进步比中性技术进步对技能型
劳动力的需求更大，资本体现式技术进步在当期与技能需求互补性关系更
显著。成艾华（2012）利用中国工业行业的调研数据，对全部工业和大中
型工业技能劳动力就业份额变化进行分解，结果表明工业就业结构的技能
升级的主导因素是细分行业内技能劳动力就业份额的变化，而不是细分行
业之间技能劳动力就业份额的变化，通过数据表明技术进步与技能劳动力
就业份额之间存在显著的正相关关系，因而得出结论认为 20 世纪 90 年代
以来，中国工业行业已经出现了偏向型技术变化，并且还推动了就业结构
的技能升级。

　　国内的已有研究基本是从整个经济层面或者从制造业整体上对技能偏
向型技术变化的存在性进行分析。但是这样的分析有三点不足：第一，在
对整个经济层面的技能偏向型技术变化的存在性进行分析的时候一般使用
的是全国的时间序列数据，但是众所周知，我国不同省份经济发展差距较
大，并且不同区域的技术发展水平也不同，在分析偏向型技术变化存在性
的时候使用不同省份的面板数据说服力会更强；第二，从产业层面而言，
各个产业所开发和引进的技术是不一样的，如果笼统地从整个经济体层面
进行分析的话会掩盖了各个产业存在的技术进步的偏向性；第三，如果仅
从制造业层面进行分析，难免会得出一些以偏概全的结论，这主要是因为
中国农业和某些服务业的从业人员占整体从业人员的比重还比较大，但是
与高比重的从业人员相伴随的是这些从业人员较低的受教育水平（在后面
的分析中会提到，农业和一些服务业属于非技能劳动力密集型的部门）。
而在非技能劳动力密集型的部门引进和开发的技术对于技能劳动力的需求
会产生什么影响？对于技能溢价又会产生什么影响？如果技能劳动力密集
型部门和非技能劳动力密集型部门都存在偏向型技术变化的话，它们对于
技能溢价的影响路径有什么不同？对于这些问题的答案，在国内已有的研
究中并不能够找到。当然，这也是本书在分析技能偏向型技术变化的存在
性时候的创新点之一。

第一节 偏向型技术进步的基准模型

在介绍本章研究重点之前,有两个概念需要厘清,因为这两个概念在研究技术进步的相关文献中容易混淆,一个是要素增进型的技术进步,另一个是本章分析的重点——要素偏向型的技术进步。

一、要素增进型技术进步与要素偏向型技术进步

在阐述这两个概念时,本章引用阿西莫格鲁(Acemoglu, 2002)的相关概念进行论述。

首先,假设经济体的总量生产函数为[①]:

$$Y(t) = F[L(t), H(t), A(t)] \tag{4.1}$$

其中,$L(t)$ 表示劳动,$H(t)$ 表示另外一种生产要素,这种生产要素可以为技能劳动力、资本、土地或者某些中间产品,$A(t)$ 表示技术水平。在这里假设 $\frac{\partial F}{\partial A} > 0$,从而更高水平的 A 意味着更好的技术水平或者"技术进步"。如果生产函数为 $Y(t) = F[A(t)L(t), H(t)]$,则技术进步是劳动增进型的,也就是说,技术进步等同于增加了劳动力的投入。如果公式(4.1)中的 H 表示的是资本,则劳动增进型的技术进步也被称为哈罗德中性技术进步。同样地,可以定义资本增进型的技术进步,即如果总量生产函数可以写为 $Y(t) = F[L(t), A(t), H(t)]$,则技术进步称为资本增进型的,此时的技术进步等同于扩大了资本投入,资本增进型的技术进步也被称为索罗中性技术进步。

如果技术进步提高了生产要素 L 相对于生产要素 H 的边际产品,则称该技术进步是 L 偏向的,即:

---

① t 表示时间趋势,在后面的分析中将会去掉下角标 t,但这并不影响本书的分析,下同,不再赘述。

$$\frac{\partial \dfrac{\partial F / \partial L}{\partial F / \partial H}}{\partial A} > 0 \tag{4.2}$$

与要素增进型的技术进步不同的是，偏向型技术进步使某一生产要素相对需求曲线发生变化，因此，给定要素比例，这种生产要素的相对边际产品增加。

为了更进一步说明这两个概念之间的区别，假设生产函数为不变替代弹性（CES）生产函数：

$$Y = \left[\gamma_L (A_L L)^{\frac{\varepsilon-1}{\varepsilon}} + \gamma_H (A_H H)^{\frac{\varepsilon-1}{\varepsilon}} \right]^{\frac{\varepsilon}{\varepsilon-1}} \tag{4.3}$$

其中，A_L 和 A_H 分别表示两种要素的技术水平；$\gamma_L + \gamma_H = 1$，表示两种要素 L 和 H 所占的份额；$\varepsilon \in (0, \infty)$，表示的是两种要素的替代弹性。两种要素之间不同的替代弹性表示不同的生产函数：

当 $\varepsilon = 0$ 的时候，生产函数是里昂惕夫生产函数，此时两种要素之间没有替代；

当 $\varepsilon = 1$ 的时候，生产函数是柯布 – 道格拉斯类型的；

当 $\varepsilon = \infty$ 的时候，这两种要素是完全替代的，此时的生产函数是线性的。

技术水平的变化是偏向于使用更多的劳动力还是偏向于使用更多的资本依赖于两种要素的替代弹性，这两种要素的相对边际产品可以表示为：

$$\frac{MP_H}{MP_L} = \frac{\gamma_H}{\gamma_L} \left(\frac{A_H}{A_L} \right)^{\frac{\varepsilon-1}{\varepsilon}} \left(\frac{H}{L} \right)^{-\frac{1}{\varepsilon}} \tag{4.4}$$

利用公式（4.4）对 $\dfrac{A_H}{A_L}$ 求导得：

$$\frac{\partial \left(\dfrac{MP_H}{MP_L} \right)}{\partial \left(\dfrac{A_H}{A_L} \right)} = \frac{\varepsilon-1}{\varepsilon} \frac{\gamma_H}{\gamma_L} \left(\frac{A_H}{A_L} \frac{H}{L} \right)^{-\frac{1}{\varepsilon}} \tag{4.5}$$

从公式（4.5）中可以看出，当两种要素的替代弹性 $\varepsilon > 1$ 时，两种生产要素为相互替代的，A_H 的增加会提高要素 H 的相对边际产品，此时 H 增进型的技术进步是 H 偏向型的技术进步；但是当 $\varepsilon < 1$ 的时候，两种生产要素为互补的，A_H 的增加会降低 H 的相对边际产品，此时 H 增进型技术进

步则是 L 偏向型的技术进步；当 $\varepsilon = 1$ 时，技术进步不会偏向于增加使用任何一种生产要素，此时的技术进步是中性的。

这里值得说明的是，当 $\varepsilon < 1$ 的时候，资本增进型的技术进步之所以是劳动偏向型的是因为在这种情况下，两种要素是互补的，由于资本的生产率的提高，对于另外一种生产要素（也就是劳动）的需求会更多，从而使得这种技术水平的提高偏向于劳动。

二、基准模型

我们对要素增进型技术进步和要素偏向型技术进步进行了细致地讨论，下面将构建分析中国偏向型技术进步存在性的基准模型。

在本章的模型里，有两个部门，技能劳动力密集型部门和非技能劳动力密集型部门，技能劳动力密集型部门是密集使用技能劳动力的部门，而非技能劳动力密集型部门是密集使用非技能劳动力的部门。如在中国的农业部门可以称之为非技能劳动力部门，而机械制造业等部门可以称之为技能劳动力密集型部门。但是在两个部门的生产中都使用技能劳动力和非技能劳动力，并且这两个部门分别用 S 和 N 表示，而两个部门生产中所使用的技能劳动力和非技能劳动力分别用 H 和 L 表示，所有的市场都是完全竞争的，并且在这里暂且不考虑国际贸易等因素。

（一）消费者—需求

假设消费者的偏好是同质的，代表性消费者的效用函数是不变替代弹性（CES）形式的，消费者对技能劳动力部门和非技能劳动力部门产品的需求也分别用 S 和 U 表示，其偏好如下所示：

$$Y(N,S) = [\mu(N)^{\frac{\psi-1}{\psi}} + (1-\mu)S^{\frac{\psi-1}{\psi}}]^{\frac{\psi}{\psi-1}} \qquad (4.6)$$

因此，在典型消费者的效用函数里，技能劳动力部门生产的产品和非技能劳动力部门生产的产品的替代弹性为 ψ。

该典型消费者面临的预算约束为：

$$N + pS \leqslant Lw_l + Hw_H \qquad (4.7)$$

其中，p 是技能劳动力密集型部门生产的产品的相对价格，为了简化分析，假设非技能劳动力密集型部门的产品价格为 1。

在预算约束条件下，消费者最大化其效用的相对需求为：

$$\left[\frac{S}{N}\right]^d = p^{-\psi}\left(\frac{\mu}{1-\mu}\right)^{\psi} \tag{4.8}$$

（二）厂商—供给

在技能劳动力密集型部门非技能劳动力密集型部门分别应用两种不同类型的技术水平，因此，在这里假设技能劳动力密集型部门和非技能劳动力密集型部门的生产函数分别为：

$$N = \left[(A_n L_n)^{\frac{\sigma_n-1}{\sigma_n}} + (B_n H_n)^{\frac{\sigma_n-1}{\sigma_n}}\right]^{\frac{\sigma_n}{\sigma_n-1}}$$

$$S = \left[(A_s L_s)^{\frac{\sigma_s-1}{\sigma_s}} + (B_s H_s)^{\frac{\sigma_s-1}{\sigma_s}}\right]^{\frac{\sigma_s}{\sigma_s-1}} \tag{4.9}$$

在完全竞争市场的假设下，技能劳动力部门和非技能劳动力部门对技能劳动力的相对需求为：

$$h_n = w^{-\sigma_n}\beta_n^{\sigma_n-1}$$

$$h_s = w^{-\sigma_s}\beta_s^{\sigma_s-1} \tag{4.10}$$

其中，$w = \frac{w_H}{w_L}$，表示技能劳动力的相对工资；$h_i = \frac{H_i}{L_i}$，表示部门的技能密集度，也就是说，h_i 越高，表示该部门的技能劳动力密集度越高，在生产的过程中使用更多的技能劳动力；$\beta_i = \frac{B_i}{A_i}$，表示技能劳动力相对于非技能劳动力的生产效率。

另外，由于劳动力在两个部门之间是可以相互流动的，因而两个部门的 w_H、w_L 和 w 是相等的。

因为之前讨论的市场是完全竞争的，规模报酬是不变的，因此，在厂商利润最大化的条件假设下，可以得到技能劳动力密集型部门的相对价格为：

$$P = \frac{A_n\left(1 + \left(\frac{w}{\beta_s}\right)^{1-\sigma_s}\right)^{\frac{1}{1-\sigma_s}}}{A_n\left(1 + \left(\frac{w}{\beta_n}\right)^{1-\sigma_n}\right)^{\frac{1}{1-\sigma_n}}} \tag{4.11}$$

根据谢泊德引理以及公式（4.9）和公式（4.10）可以计算得到单位要素需求函数，如公式（4.12）所示：

$$L_i^1 = \frac{1}{A_i}(1 + w\, h_i)^{\frac{\sigma_i}{1-\sigma_i}}$$

$$H_i^1 = \frac{h_i}{A_i}(1 + w\, h_i)^{\frac{\sigma_i}{1-\sigma_i}} \tag{4.12}$$

在完全竞争的情况下，当劳动力市场达到均衡的时候，劳动力的供给和需求是相等的，从而有：

$$L = S\,L_s^1 + N\,L_n^1 = S\frac{1}{A_s}(1 + w\, h_s)^{\frac{\sigma_s}{1-\sigma_s}} + N\frac{1}{A_n}(1 + w\, h_n)^{\frac{\sigma_n}{1-\sigma_n}}$$

$$H = S\,H_s^1 + N\,H_n^1 = S\frac{h_s}{A_s}(1 + w\, h_s)^{\frac{\sigma_s}{1-\sigma_s}} + N\frac{h_n}{A_n}(1 + w\, h_n)^{\frac{\sigma_n}{1-\sigma_n}} \tag{4.13}$$

因此，在整个经济体内，对于技能劳动力和非技能劳动力的相对需求可以表示为：

$$\left[\frac{S}{N}\right]^S = \frac{A_s}{A_n}\left(\frac{h - h_n}{h_s - h}\right)\frac{(1 + w\, h_n)^{\frac{\sigma_n}{1-\sigma_n}}}{(1 + w\, h_s)^{\frac{\sigma_s}{1-\sigma_s}}} \tag{4.14}$$

其中，$h = \frac{H}{L}$，表示经济体的技能充裕程度，在实际研究中可以表示为技能劳动力的充裕程度。显然，在本书的分析中，技能劳动力密集型的部门其技能劳动力要比非技能劳动力密集型的部门充裕，也就是 $h_s > h_N$。

（三）均衡条件

整个经济达到均衡的条件下，可以得到劳动力的相对供给和劳动力的相对需求是一致的，即 $\left[\frac{S}{N}\right]^d = \left[\frac{S}{N}\right]^S$。

$$\Phi\left(w, h, \beta_n, \beta_s, \frac{A_s}{A_n}\right) = \left(\frac{A_s}{A_n}\right)^{1-\psi}\left(\frac{h - h_n}{h_s - h}\right)\frac{(1 + w\, h_s)^{\frac{\psi-\sigma_s}{1-\sigma_s}}}{(1 + w\, h_n)^{\frac{\psi-\sigma_n}{1-\sigma_n}}}$$

$$= \left(\frac{A_s}{A_n}\right)^{1-\psi}\left(\frac{h - w^{-\sigma_n}\beta_n^{\sigma_n-1}}{w^{-\sigma_n}\beta_n^{\sigma_n-1} - h}\right)\frac{(1 + w^{1-\sigma_s}\beta_s^{\sigma_s-1})^{\frac{\psi-\sigma_s}{1-\sigma_s}}}{(1 + w^{1-\sigma_s}\beta_s^{\sigma_s-1})^{\frac{\psi-\sigma_s}{1-\sigma_s}}} - \left(\frac{\mu}{1-\mu}\right)^{\psi}$$

$$= 0 \tag{4.15}$$

式（4.15）是关于相对工资水平 w 的隐函数，这里可以看出，与 w 相关的变量和参数主要有技能劳动力的充裕程度，技能劳动力密集型部门与非技能劳动力密集型部门的劳动力的生产效率以及技能劳动力密集型部门与非技能劳动力密集型部门的技术进步率。

从上面构建的模型可以看出，如果某部门使用的技术增加了技能溢价或者增加了对技能劳动力的需求，则说明该部门的技术是技能偏向性的，反之则不存在技能偏向性的技术进步。

第二节　实证模型的构建与相关变量的选取

一、实证模型的构建

本部分的主要内容是确定实证分析的时候需要的模型以及相关变量的选取，鉴于数据可得性的限制，本书需要依据上述的理论模型建立实证分析模型，并对之进行一定的简化或者使用相关的工具变量进行分析。

在确定实证分析模型之前，需要对上一部分所提到的技能劳动力密集型部门和非技能劳动力密集型部门进行适当的定义。

宋冬林（2010）根据行业技术人员的分布特征，将制造业职工平均工资和农林牧渔业职工平均工资之比来反映技能溢价的情况，本书将借鉴他的思路，按照行业技术人员的分布特征，将国民经济中的细分产业划分为技能劳动力密集型的部门和非技能劳动力密集型的部门。根据 2019 年中国人口与就业统计年鉴[①]，2018 年，在总就业人员中，拥有大专及以上学历的就业人员占总就业人员的比重为 19.1%，其中在农、林、牧、渔业中，专科及以上就业人员比重仅为 0.8，较 2012 年提高 0.08 个百分点，而在公共管理、社会保障和社会组织中，拥有大专及以上学历的人员比重则为

---

① 《中国人口与就业统计年鉴》采用抽样方法进行统计分析，在全国总计调研的人口总数为112 万人，全国抽样比为 0.831%。

62.6%。因此，本书将那些拥有大专及以上学历的就业人员占总就业人员比重低于全国水平的为非技能劳动力密集型部门，而将那些高于全国水平的定义为技能密集型部门。由于统计部门在 2011 年以后采取新的部门分类方法，因此，在本书具体分析中，有些部门的具体名称等可能会产生变化，如果有变化将会在后面的分析中具体说明。另外，雷谢夫（Reshef，2013）在分析技能偏向型技术变化的时候，将美国的产业分为两个部门，一个是商品生产部门，一个是服务业部门，并且认为服务业部门的技能劳动力密集度要高于商品生产部门，他的分类见表 4 - 1。本书根据中国各行业技能劳动力占就业人员的比重进行的分类，见表 4 - 2。事实上，通过表 4 - 1 和表 4 - 2 的对比可以看出两种分类基本是吻合的。

表 4 - 1　　　　雷谢夫对生产商品的部门和服务业部门的定义

年份	生产商品的部门	服务业部门
1963～2001 年	农、林、牧、渔业	金融、保险和房地产
	采矿业	商业和维修服务
	建筑业	个人服务
	制造业	娱乐
	交通运输	健康服务
	通信和其他公共设施	教育服务
	批发贸易	其他专业和相关服务
	零售贸易	
2002～2005 年	生产商品的部门	服务业部门
	农、林、牧、渔业	金融和保险
	采矿业	房地产、租赁和商业服务业
	建筑业	艺术、娱乐
	制造业	健康保健和社会援助
	交通运输和仓储业	教育服务
	批发和零售业	专业、科学和技术服务
		企业管理
		公共管理、社会保障等

表 4 - 2   技能劳动力密集型和非技能劳动力密集型部门的分类

技能劳动力密集型部门	非技能劳动力密集型部门
电力、热力、燃气及水生产和供应业	农、林、牧、渔业
信息传输、软件和信息技术服务业	采矿业
金融业	制造业
房地产业	建筑业
租赁和商务服务业	批发和零售业
科学研究和技术服务业	交通运输、仓储和邮政业
水利、环境和公共设施管理业	住宿和餐饮业
教育、卫生和社会工作	国际组织
文化体育和娱乐业	居民服务、修理和其他服务业
公共管理、社会保障和社会组织	

结合公式（4.15）中的理论模型分析以及现实经济中影响技能溢价和对技能劳动力需求的因素，可以构建如下的线性模型进行分析：

模型一：$\ln(w) = \alpha + \beta\ln(pro) + \eta\ln(H) + \mu\ln(tech) + vX + \varepsilon$ (4.16)

模型二：$\ln(w) = \alpha + \beta\ln(pro) + \eta\ln(H) + \mu\ln(tech_s) + \xi\ln(tech_n) + vX + \varepsilon$

(4.17)

模型三：$\ln(L_{s_s}) = \alpha + \beta\ln(pro) + \eta\ln(H) + \mu\ln(tech_s) + vX + \varepsilon$

$\ln(L_{s_n}) = \alpha + \beta\ln(pro) + \eta\ln(H) + \xi\ln(tech_n) + vX + \varepsilon$ (4.18)

在上述三个模型中，模型一将使用 CHNS 数据库中 1988～2014 年的面板数据进行总体上的分析，而模型二和模型三将使用 CHNS 的时间序列数据进行分部门分析。其中，$\ln(w)$ 表示的是技能溢价，即技能劳动力与非技能劳动力工资之比的对数；模型一中的技能溢价使用的是每个省份的数据，而模型二和模型三中的是中国整体的技能溢价水平；L_{s_s} 和 L_{s_n} 分别表示对技能劳动力和非技能劳动力的需求；pro 表示的是劳动力的生产效率，其中模型一分析时使用的是每个省份的劳动力的生产效率，而模型二和模型三中使用的是两个部门中两种不同类型的劳动力的生产效率；H 表示的是人力资本投资；$tech$ 表示的是每个省份的技术水平；$tech_s$ 表示的是技能劳动力密集型部门的技术水平，相应地，$tech_n$ 表示的是非技能劳动力密集型部门的技术水平；X 表示的是其他影响因素，如国际贸易等，在后面的分析中将把这些因素作为控制变量进行分析。

二、变量的选取

(一) 因变量的选择

因为本书主要从分部门的角度进行分析，需要从技能溢价以及对于技能劳动力的需求两个方面进行剖析。关于技能溢价，也就是技能劳动力和非技能劳动力的工资之比，由于数据可得性的限制，我国现有数据中暂无按教育程度统计的工资，只有分行业的统计数据。CHNS 数据库中有按照教育程度统计的个人工资水平，而且也分别算出来不同年份的技能溢价变化情况。但是由于 CHNS 数据库里的数据并不连续，对于有些年份的缺失值，本书使用全国平均工资序列与既有的技能劳动与非技能劳动工资回归的方法拟合获取，从而可以得到 1988～2014 年的技能溢价的连续的数据。

关于不同技能劳动力的需求情况，在模型三中需要对两种不同类型的部门进行分别分析，如果技能劳动力密集型部门的技术进步能够引起其技能劳动力需求的增加，则该部门的技术进步是技能偏向性的，反之则不是技能偏向性的技术进步；非技能劳动力密集型部门也适用于该判断标准。对于不同技能劳动力的需求可以分别用这两个部门中拥有大专及以上学历的就业人员占总就业人员的比重来表示。

(二) 解释变量的选取

影响技能型劳动力需求的因素主要包括：人力资本投资、技术进步和不同类型劳动力的生产效率等。因此，本书的解释变量指标设计如下①：

（1）人力资本投资，考虑到中国人力资本发展更多依赖政府财政投入，在进行实证研究时，本书选取国家财政性教育经费占财政支出的比例

---

① 值得说明的是，在以下所有的指标中，如有涉及与相应的人民币数量相关的指标，例如 GDP 等，都是以 1988 年为基期进行调整的，并且如无特别说明，数据均来自《中国统计年鉴》《中国劳动统计年鉴》《中国科技统计年鉴》《中国教育经费统计年鉴》《中国教育统计年鉴》以及相关省份的统计年鉴，并且经过相关的处理，后面不再赘述。

来衡量人力资本投资[①]，用 H 来表示；

（2）技术进步，在模型一中使用的是研究与开发机构活动经费支出来表示，而在分部门的模型二和模型三中使用分行业研究与开发机构经费内部支出来衡量[②]，在这两个模型中用 $tech_i(i=S,N)$ 来表示；

（3）劳动生产率，由于数据可得性的限制，在模型一中使用每个省份的人均 GDP 增长率来衡量劳动生产率，在模型二和模型三中使用平均从业人员增加值来衡量劳动生产率[③]，在实证分析的时候用 pro 来表示；

（4）国际贸易，国际贸易指标，选择出口贸易占 GDP 的比重 exp 和外商直接投资占 GDP 的比重 FDI[④]。

第三节　实证分析

技术进步内生于经济发展过程的，并且只有和其他要素，特别是人力资本充分融合，才能发挥其对经济增长的效果。因此，如果技术进步增加了对技能劳动力的相对需求，或者出现了技能溢价，就可以认为是存在技

---

① 在计算每个省份人力资本的时候发现每个省份的国家财政性教育经费的统计数据只有 1995 年以后的，1995 年以前的数据计算过程如下：首先，计算 1995 年每个省份的国家财政性教育经费占国家财政性教育总经费的比例，其次，通过 1988 年、1990 年和 1992 年国家财政性教育经费总数乘以相应的省份在 1995 年的占比，最后经过这样的推算得出每个省份在相应的年费国家财政性教育经费，结果发现，通过这样的方法计算得出的 1997 年的数据与统计年鉴上已有的数据比较接近，因而可以使用这样推算的数据来表示 1988～1992 年每个省份的国家财政性教育经费情况。

② 本书需要 1988～2014 年的数据，但是因为数据可得性的限制，在 2002 年以前，能得到的只有分行业自然科学技术领域研究与开发机构经费支出总额，而研究与开发机构活动经费情况只有分地区的，没有分行业的，但是经过计算发现，各地区研究与开发机构经费支出构成中，自然科学领域高达 96% 以上，因此，可以通过计算全国自然科学领域研究与开发机构经费中自然科学领域所占比例，大致算出各行业的情况。但是，到 2009 年开始，中国科技统计年鉴中便不再有研究与开发机构活动经费情况的统计数据，而只有 R&D 内部支出的数据，在这里计算的时候只能通过前几年的数据进行推算得到。

③ 增加值是国民经济核算的一项基础指标。各部门增加值之和即是国内生产总值，它反映的是一个国家（地区）在一定时期内所生产的和提供的全部最终产品和服务的市场价值的总和，同时也反映了生产单位或部门对国内生产总值的贡献。由于本书是分部门进行的，因此，需要各部门的增加值来衡量其生产情况。

④ 该指标的选取是参照宋冬林（2010）发表在《经济研究》上的"技能偏向型技术进步存在吗？—来自中国的经验证据"选取的。

能偏向型技术进步的。表4-3使用模型一进行分析，表4-4使用模型二和模型三进行分析，即分别以技能溢价和对技能劳动力的需求为被解释变量。

表4-3　　　　技能偏向型技术变化的存在性检验（基于省级面板数据的分析）

变量	方程（1）	方程（2）	方程（3）	方程（4）	方程（5）	方程（6）	方程（7）
常数	-3.126*** (-0.48)	-3.103*** (-0.488)	-3.193*** (-0.49)	-3.06*** (-0.5)	-3.216*** (-0.482)	-3.073*** (-0.492)	-2.981*** (-0.489)
tech	0.239*** (-0.0344)	0.239*** (-0.0347)	0.236*** (-0.0346)	0.222*** (-0.0361)	0.236*** (-0.0343)	0.222*** (-0.0358)	0.224*** (-0.036)
pro	—	-0.117 (-0.359)	-0.119 (-0.357)	0.0794 (-0.357)			
h	—	—	0.578 (-0.44)	0.551 (-0.439)	0.578 (-0.437)	0.55 (-0.435)	
exp				0.519 (-0.42)	—	0.527 (-0.414)	0.554 (-0.416)
$A\text{-}R^2$	0.437	0.438	0.454	0.468	0.453	0.467	0.453

注：括号内表示标准差，其中 *** 表示 $p<0.01$，** 表示 $p<0.05$，* 表示 $p<0.1$。

对模型一的分析是基于省级面板数据来进行的，并且本书使用的是逐步引入变量的方法，在回归的过程中对技术进步进行了对数化。从表4-3中方程（1）到方程（7）中可以看出来，从整个国家层面而言，技术进步对技能溢价产生正向的影响，也就是说，技术水平的上升能够提高技能劳动力的工资，从而增加技能溢价。从整体上而言，中国存在技能偏向型技术变化。

如表4-4所示，方程（1）至方程（4）是对模型二进行的实证检验、方程（5）和方程（6）使用的是模型三中对技能劳动力需求所作的检验，而方程（7）和方程（8）则是模型三中对非技能劳动力的需求所作的检验。方程（1）到方程（8）的 R^2 以及修正的 R^2 值都比较高，除了方程（7）和方程（8），其他方程的值都在0.9左右，说明方程的拟合效果很好。在方程（1）中可以看到，非技能劳动力密集型部门的技术进步对技能溢价的解释力很弱，而且其对技能溢价的影响为负，在方程（2）中，如果不考虑国际贸易因素的话，其对技能溢价能够产生正向的影响，但是

表4-4　技能偏向型技术变化的存在性检验（基于分部门时间序列的分析）

变量	方程（1）	方程（2）	方程（3）	方程（4）	方程（5）	方程（6）	方程（7）	方程（8）
常数	-0.451** (0.196)	0.131 (0.283)	0.413*** (0.114)	0.235 (0.220)	0.319*** (0.0307)	0.383** (0.128)	0.111** (0.0471)	-0.209 (0.264)
repro	-0.000299 (0.000666)	-0.00140** (0.000542)	-0.0028*** (0.000719)	—	—	-0.0018*** (0.000508)	—	-0.0013 (0.000947)
techs	9.78e-09*** (1.57e-09)	8.75e-09*** (1.50e-09)	—	1.24e-08*** (1.19e-09)	4.02e-09*** (4.57e-10)	2.66e-09*** (5.07e-10)	—	—
techn	-9.78e-09 (6.01e-09)	-4.13e-09 (9.65e-09)	-1.23e-08 (7.50e-09)	—	—	—	9.63e-09 (7.73e-09)	4.97e-10 (9.45e-09)
h	2.275* (1.254)	0.265 (1.916)	0.520 (0.386)	-1.735 (1.213)	—	0.278 (0.854)	—	1.837 (1.651)
exp	0.989*** (0.170)	—	—	—	0.167** (0.0737)	—	-0.313** (0.109)	—
fdi	-0.560 (1.225)	—	—	1.893 (1.225)	—	—	—	—
R-squared	0.977	0.929	0.829	0.907	0.877	0.924	0.442	0.277

注：括号内表示标准差，其中***表示 $p<0.01$，**表示 $p<0.05$，*表示 $p<0.1$。

其影响并不显著，在方程（3）中，如果不考虑技能劳动力密集型部门的技术进步，只考虑非技能劳动力密集型部门的技术进步的话，其对技能溢价的影响还是负的，并且影响效果不显著。从技能劳动力密集型部门的技术进步对技能溢价的影响看，方程（1）中可以看出，技能劳动力密集型部门的技术进步对技能溢价的影响是非常显著的，而且其使用会增加技能溢价，在方程（2）中不考虑国际贸易的因素也得出同样的结论，在方程（4）中，如果不考虑非技能劳动力密集型部门的技术进步，技能劳动力密集型部门的技术进步对技能溢价的影响更为强烈，增加一单位的技术进步能够使得技能溢价增加 $1.24e-08$ 个单位。方程（5）到方程（8）考虑的是技术进步对技能劳动力的需求的影响，其中方程（5）和方程（6）是以技能劳动力占总就业人员的比重为被解释变量，方程（5）考虑了国际贸易因素中的 FDI，从结果中可以看出，如果考虑国际贸易因素，技能劳动力密集型部门的技术进步增加了对该部门技能型劳动力的需求，也就是说，技能劳动力密集型部门是存在偏向型技术进步的。方程（6）中没有考虑国际贸易因素，而是考虑了人力资本投资的情况，从中可以看出人力资本投资的增加以及技术进步都能够增加对于技能劳动力的需求。因而，通过方程（5）和方程（6）的分析可以看出，技能劳动力密集型部门是存在偏向型技术进步的。方程（7）和方程（8）是以非技能劳动力密集型部门中技能劳动力的需求为被解释变量的，方程（7）中加入了国际贸易因素，从结果中可以看出，如果考虑国际贸易因素，非技能劳动力密集型部门的技术进步对该部门技能劳动力的需求影响是负的，也就是说，该部门的技术进步并没有增加该部门对技能劳动力的需求。方程（8）中不考虑国际贸易因素，而考虑到人力资本投资的时候，也是同样的情况。也就是说，无论是否考虑国际贸易因素，非技能劳动力密集型部门的技术进步都不会增加对该部门技能劳动力的需求，换句话说，该部门并不存在偏向型技术进步。

第四节　本章小结

从上面的实证分析，可以得出以下两个结论。

第一，从整个经济层面看，我国存在技能偏向型技术变化。虽然本书使用的方法同宋冬林（2010）不一样，但是最终出来的结论与其是相一致的。

第二，如果将整体经济部门划分为技能劳动力密集型部门和非技能劳动力密集型部门进行分析时则会出现如下情况，技能劳动力密集型部门的技术进步增加了对该部门技能劳动力的需求，而非技能劳动力密集型部门技术进步则并不会增加对该部门技能劳动力的需求。因而，在中国只有技能劳动力密集型部门存在偏向型技术进步，如电力、热力、燃气及水生产和供应业、金融业和房地产业；而非技能劳动力密集型部门是不存在偏向型技术进步的，如农、林、牧、渔业及制造业等。这也可以从一个方面来解释为什么大量的农业劳动力转移到城镇劳动力市场之后，中国的技能溢价并没有出现太大幅度的波动，因为非技能劳动力密集型部门的技术进步并没有增加对于技能劳动力的需求，这些部门所需要还是那些非技能劳动力，从而不会对技能溢价产生太大影响，而技能劳动力密集型的部门增加了对技能劳动力的需求，从而会从一个方面增加他们的工资水平，提高技能溢价。

第五章

偏向型技术变化、国际贸易影响技能溢价的机制

对于技能偏向型技术变化的解释则主要分为外生和内生的，外生的技能偏向型技术变化对技能溢价的影响机制主要分为两个方面：一方面，是要素生产率的提高会引致厂商对高技能劳动力的需求，另一方面是资本—技能的互补性导致资本使用的增加会提高对高技能劳动力需求的增加。在这两种情况下，如果技能供给不变，则会产生技能溢价。内生的技能偏向型技术变化对技能溢价的影响也主要是两个方面：一方面，永久的技能偏向型技术变化，在这种情况下，技能劳动力相对供给的增加首先会引起技能溢价的下降，但是随着时间的推移，技能工人供给的增加直接导致人们的研究开发更倾向于技能互补型的技术。结果是，从长期来看，内生的技能偏向型技术的发展促使了技能溢价的提高；另一方面，暂时的和周期性的技能偏向型技术变化，其典型案例是通用技术的引进。通用技术是影响所有产业的技术，如计算机的引入为代表的信息通信技术，厂商引入新的通用技术之初时暂时需要使用，高技能专家来使用由此带来的厂商组织和管理模式的变化，这样带来的结果便是生产资源暂时地由生产环节退出而使用新的技术，这种新的技术的引入便会引起技能溢价的上涨。

而对于国际贸易这一因素的解释，大多数学者认为发达与低收入国家之间的贸易会导致发达国家产生技能溢价，这一传导机制是通过 H-O-S 定理进行传导的。传统的 H-O 理论认为，一个国家应该专业化生产密集使用其相对丰裕要素的产品并进口密集使用其相对稀缺要素的产品，也就是说，对于发达国家而言，应该生产并且出口技能密集型产品，而发展中国

家则应该生产劳动密集型产品。H-O 理论后来得到斯托伯和萨缪尔森的扩展，称之为 H-O-S 定理。根据该理论，国际贸易的发展会提高发达国家的技能溢价而降低发展中国家的技能溢价。但是发展中国家出现的技能溢价现象似乎同这种传统的理论相悖，实际上，该模型之所以与现实的经济情况相悖，其主要原因之一是没有考虑到产业内要素的重新配置，这也被认为是贸易自由化所导致的要素重新配置的一个重要部分（Caselli，2010；Bustos，2009；Meschi et al.，2009）。

汉森和哈里森（Hanson & Harrison，1999）通过研究国际贸易与偏向型技术变化对发展中国家的技能溢价的影响，推断认为如果国际贸易在发达国家的技能溢价变化中起到作用，那么在发展中国家则起到相反的作用，也就是说，如果发达国家与发展中国家的贸易提高了发达国家的技能溢价，那么发展中国家的技能溢价应该减少。然而，如果在发达国家，技能偏向型技术变化是影响技能溢价的最主要原因，在发展中国家也会出现类似的情况。

基于以上的推断，本章将首先通过理论模型分析在封闭经济条件下技能偏向型技术变化影响技能溢价的路径；其次对 H-O-S 模型进行相应的扩展，分析 H-O-S 模型在发展中国家的适用性；再次分析开放经济条件下国际贸易、偏向型技术变化影响技能溢价的路径；最后通过实证分析国际贸易、偏向型技术变化对于中国技能溢价的影响，进行相应的总结。

第一节　基准模型的建立

一、封闭经济条件下技能偏向型技术变化对技能溢价的影响路径

首先，本书将建立一个简单的封闭经济条件下的模型进行分析，因为在这个模型框架里面不存在国际贸易，各个国家之间是相互独立的。因此，假设只有一个国家，这个国家使用一定的要素进行产品的生产，在产品的生产过程中有两种要素投入，一种是技能劳动力，另一种是非技能劳

动力。为了简化分析，假设劳动力的供给是不变的。在这里面借助阿西莫格鲁（Acemgolu，2002）的思想进行分析，分别用 S 和 U 来表示技能劳动力和非技能劳动力。劳动力市场和产品市场都是完全竞争的，劳动力参与劳动的工资用来消费，并且所有的劳动力最终都是作为消费者来消费的，他们有着相同的偏好，厂商在决策的时候是本着利润最大化的原则进行的。

整个经济体的生产函数采用 CES 形式①，如公式（5.1）所示：

$$Y = \left[A_s s^\rho + A_u U^p \right]^{\frac{1}{\rho}} \tag{5.1}$$

A_s 和 A_u 两种劳动力使用的不同的技术水平。在这一函数里，$\sigma = \dfrac{1}{1-\rho}$ 是两种不同类型的劳动力的替代弹性，当 $\sigma > 1$ 的时候，技能劳动力和非技能劳动力是相互替代的，当 $\sigma < 1$ 的时候，两种类型的劳动力是相互补充的。在已有的实证研究中，大都认为两种劳动力的替代弹性是大于 1 的。例如，卡茨和墨菲（Katz & Murphy，1992）利用大学生和其他劳动力作为划分技能劳动力和非技能劳动能力的方法考察美国 1963～1987 年的技能溢价，结果表明两种类型的劳动力的替代弹性为 1.4；赫克曼等（Heckman et al.，1998）通过测算美国 1963～1993 年高技能劳动力和低技能劳动力的劳动替代弹性，得出的结果认为两种类型的劳动力替代弹性为 1.441。

因为假设劳动力市场是完全竞争的，因此，技能劳动力和非技能劳动力的工资分别为：

$$w_s = \frac{\partial Y}{\partial L} = A_s^\rho \left[A_s^\rho + A_u^\rho \left(\frac{S}{U} \right)^\rho \right]^{\frac{1-\rho}{\rho}}$$

$$w_u = \frac{\partial Y}{\partial U} = A_u^\rho \left[A_u^\rho + A_s^\rho \left(\frac{S}{U} \right)^\rho \right]^{\frac{1-\rho}{\rho}} \tag{5.2}$$

其中，$\dfrac{S}{U}$ 是技能劳动力的相对供给。从上式中可以得到，$\dfrac{\partial W_s}{\partial \frac{S}{U}} < 0$，而 $\dfrac{\partial W_u}{\partial \frac{S}{U}} >$

0，这说明随着技能劳动力的相对供给的增加，非技能劳动力的工资会增

---

① 值得注意的是，这一生产函数同时也类似于如下的情况，在一个经济体中，典型消费者的效用函数为 $\left[Y_s^\rho + Y_U^\rho \right]^{\frac{1}{\rho}}$，其消费的是两种商品，商品 Y_s 的生产中仅适用技能劳动力，同理，商品 Y_U 的生产过程中仅适用非技能劳动力，$Y_s = A_s S$，$Y_u = A_u U$，同时，经济也是封闭的。

长，而技能劳动力的工资则会下降，而将上述的技能劳动力和非技能劳动力的工资相除便可以得到要研究的核心—技能溢价，即：

$$w = \frac{w_s}{w_u} = \left(\frac{A_s}{A_l}\right)^{\rho}\left(\frac{S}{U}\right)^{\rho-1} = \left(\frac{A_s}{A_l}\right)^{\frac{\sigma-1}{\sigma}}\left(\frac{S}{U}\right)^{\frac{-1}{\sigma}} \tag{5.3}$$

在将两边对数化之后可以得到：

$$\ln w = \frac{\sigma-1}{\sigma}\ln\left(\frac{A_s}{A_l}\right) - \frac{1}{\sigma}\ln\left(\frac{S}{U}\right) \tag{5.4}$$

因为 $\frac{\partial \ln w}{\partial \ln\left(\frac{S}{U}\right)} = -\frac{1}{\sigma}$，所以技能劳动力相对供给的增加会提高技能溢价，也就是说，在给定技能偏向型技术进步的条件下，对于技能劳动力的相对需求是随着两种类型的劳动力的替代弹性而向下倾斜的。在这里，技能劳动力的相对需求的变化有以下两种情况：一种是当技能劳动力和非技能劳动力生产同一种产品，但是生产方式不一样时，技能劳动力数量的增加会替代那些之前由非技能劳动力进行的工作；另一种则是当技能劳动力和非技能劳动力生产两种不同的产品时，由技能劳动力生产的产品将会替代那些由非技能劳动力生产的产品。从而在这两种情况下，假定其他条件不变，技能劳动力供给的增加都会降低他们的相对工资（见图5-1）。

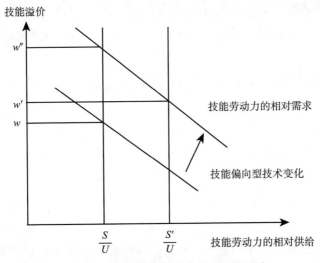

图5-1　技能偏向型技术变化与技能溢价

　　从图 5 - 1 中可以看出，在劳动力供给不变的假定下，当经济中发生技能偏向型技术变化的时候，对技能劳动力的相对需求就会向右移动，从而使得技能溢价从 w 向上移动到 w''。随着技能工人工资的提高，技能型工人的相对供给就会增加，但是由于相对供给增加的幅度小于工资增加的幅度。因此，即使在技能劳动力相对供给增加的情况下，技能溢价还是会提高到 w'。

　　因此，在封闭经济条件下，技能偏向型技术变化对技能溢价的影响路径如下：发生技能偏向型技术变化，在短期内，技能劳动力的相对供给是不发生变化的，因而这会增加对技能劳动力的相对需求，由于劳动力市场是完全竞争的，从而会提高技能劳动力的相对工资，也就是提高技能溢价。在长期内，由于技术进步会呈现日新月异的变化，技能偏向型技术变化增长的速度要快于劳动力增长的速度，从而即使技能劳动力的相对供给增加，技能劳动力的工资也会上涨，从而提高技能溢价。也就是说，不论在长期还是短期，封闭经济条件下，若不考虑其他影响因素，技能偏向型技术变化都会提高技能溢价。值得注意的是，技能劳动力的相对需求的增加是通过其对非技能劳动力的替代而发生的，这种替代有两种途径：一种是由于技能偏向型技术进步的引进，原先由非技能劳动力进行的工作现在被技能劳动力替代，从而增加了对技能劳动力的需求；另一种是那些由非技能劳动能力生产的产品被技能劳动力生产的产品所替代，其替代弹性越大，则对于技能劳动力的需求也就越多，从而技能溢价上涨得越快。

二、贸易自由化影响发展中国家技能溢价的路径分析

　　前文分析的是封闭经济条件下技能偏向型技术变化对技能溢价的影响机制和途径，其对现实经济的发展有一定的解释力，但是随着贸易自由化进程的加快，这种分析与现实经济情况越来越不符合，因此需要对开放经济条件下的情况再进行具体分析。

　　根据 H-O-S 理论，贸易全球化的发展会带来贸易成本的降低，而贸易成本的降低会带来一个国家充裕要素的价格的上升以及稀缺要素价格的下降，这一理论被施托尔珀（Stolper）和塞缪尔森（Samuelson）进行了扩

展，认为在贸易自由化的进行中，技能劳动能力相对充裕的国家技能溢价会提高，而非技能劳动力充裕的国家技能溢价会降低。具体如图 5 - 2 所示。

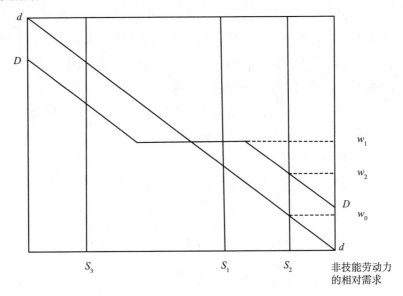

图 5 - 2　贸易自由化对技能溢价的影响

资料来源：阿德里安·伍德（Adrian Wood，1996）发表在 The World Bank Economic Review 上的文章《Openness and Wage Inequality in Developing Countries：The Latin American Challenge to East Asian Conventional Wisdom》中第 35 页。

在图 5 - 2 中，dd 表示的是经济体在封闭经济条件下对非技能劳动力的相对需求，该国技能劳动力的供给为 S_2 时，非技能劳动力的相对工资则为 W_0。但是当贸易开放以后，其对非技能劳动力的相对需求曲线则变为 DD，相对的非技能劳动力的相对工资也会发生变化，对于发展中国家（技能劳动力相对稀缺，而非技能劳动力相对充裕）而言，非技能劳动力的相对工资会上涨，故而技能溢价下降；对于发达国家（技能劳动力相对充裕，而非技能劳动力相对稀缺）而言，非技能劳动力的相对工资则会下降，故而技能溢价会上升。

在 S-S 定理后发展的 Jones 放大效应在肯定 S-S 定理的基础上对其进行了发展，根据 Jones 放大效应，某种商品相对价格的提高会导致其生产过程中密集使用的要素的均衡价格提高，而另外一种相对并不被密集使用的要素的价格则会降低。因此，根据 Jones 放大效应，非技能劳动力相对丰富的国家技能溢价会进一步降低，但是现实情况却并非如此。

贸易自由化的发展对一国的经济结构也会产生重要影响，从而对劳动力市场以及劳动力的工资产生影响。尤其是中国多年来一直保持着贸易顺差，从目前看，净出口的产品主要集中于传统制造业领域。毫无疑问，这解决了农业剩余劳动力的转移问题。另外，这也加大了中国的通胀压力和资源环境压力，不利于中国国际收支平衡。这样对中国的经济结构也无疑会产生重要影响。劳动力市场结构作为经济结构的一个方面也会受到重要冲击，从而对不同技能劳动力的工资产生影响。

在全球化的背景下，贸易自由化的发展是如何影响像中国这样非技能劳动力充裕的国家的技能溢价的。需要从产业内贸易、产业间贸易、外商直接投资以及国际外包等方面来逐步进行分析其影响机制。

（一）贸易自由化通过产业内贸易影响技能溢价

产业内贸易是国内外厂商生产的具有异质性的同类产品之间的贸易，企业为了避免过度竞争从而获得更多的收益，便会增加研发投入、提高生产的技术水平，这样便会使得贸易双方增加对技能劳动力的相对需求，从而使得技能溢价得到提高。另外，由于不同国家技术水平存在差异，参与贸易的那些工业先进的国家拥有较高的技术水平，而那些工业相对比较落后的国家生产的产品技术水平则相对较低。因此，为了使自己在国际贸易中具有相对优势，工业相对较落后的国家则在贸易中不断学习和提高自己生产产品的技术水平，这样便会增加对技能劳动力的相对需求，从而提高其技能溢价。

发展中国家与发达国家进行产业内贸易时，前者主要出口同类产品中技术含量较低的产品而进口技术含量较高的产品，这样在国内生产能力一定的情况下，技术含量较低的产品的国内价格将会上升，而技术含量较高的产品国内价格则会相应降低。因此，在这种情况下，如果非技能劳动力因为收入水平较低而更偏好那些技术含量较低的产品，高技能劳动力因为收入水平较高而更偏好那些技术含量较高的产品，真实的技能溢价水平高于名义上的技能溢价水平。

（二）贸易自由化通过外包影响技能溢价

随着国际分工的进一步深化，发展中国家接受发达国家的外包业务已经成为一种趋势。发展中国家承接的发达国家外包业务主要有两个方面：一个是低技术水平的外包；另一个是高技术水平的外包。假设发展中国家承接的发达国家的产品为 M，如果发展中国家承接的是低技术水平的外包，那么中间产品 M 的生产则会由发达国家转移到发展中国家，这会提高世界市场上对发展中国家生产的产品 M 的需求，从而提高该产品在发展中国家的价格。因此，对于发展中国家而言，这种产品价格的变化会引起投入要素价格的变化，并且通过要素在生产成本中所占的比重来影响要素价格的变动。在这种情况下，发展中国家对低技能劳动能力的需求会增加，从而降低发展中国家的技能溢价；同样道理，如果发展中国家在承接发达国家高技术水平业务时，这会促使发展中国家技能偏向型技术进步的发展，加大对技能劳动力的需求，从而导致技能溢价水平提高。中国承接外包的活动是以低技术水平生产为主（刘瑶、孙浦阳，2012），即便是高技术行业的外包也仍然是以低附加值低技术的生产环节为主。因此，中国承接外包活动将会使得技能溢价下降。

（三）贸易自由化通过中间产品贸易影响发展中国家发展中国家技能溢价

贸易自由化通过中间产品贸易对发展中国家的技能溢价的影响机制同产业内贸易类似，这主要是因为发展中国家生产的中间产品相对于发达国家生产的中间产品而言，资本密集度较低并且对技术的吸收能力较弱，这种情况下，发展中国家最终产品生产部门需要从发达国家进口更多的资本密集型中间投入品。由于技术溢出效应的存在，发展中国家通过从发达国家进口更多的资本密集型中间投入品可以间接分享发达国家先进的技术水平，但是对于发展中国家而言，则需要更多的技能劳动力来与这些进口的高技术水平的中间产品相匹配，这便会增加发展中国家对技能劳动力的需求，从而提高技能溢价。

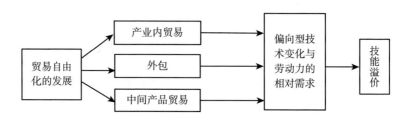

图 5 - 3 贸易自由化对发展中国家技能溢价的影响机制

值得一提的是，就我国目前情况看，虽然贸易自由化能够通过产业内贸易、外包和中间产品贸易对技能溢价产生影响，但是全球化背景下，外商直接投资对一国影响也非常重要。外商直接投资对发展中国家技能溢价的影响主要有两个方面，一方面，如果外商直接投资的流入是为了降低其生产的成本，如利用发展中国家的廉价劳动力，那么这种外商直接投资的流入只会增加对非技能劳动力的相对需求，这将有助于降低技能溢价。从短期看，这对于缩小发展中国家的收入差距具有一定的作用，但是从长期看，这对于发展中国家收入分配格局的调整将会是不利的。另一方面，引进外商直接投资可以增加对于技能劳动力的相对需求，因为外商直接投资具有知识和技术的外溢性，其流入通常伴随着发达国家先进技术和知识的转移，如果这种外溢性能够被很好地利用，那么必然会增加对于技能劳动力的需求，从而提高技能溢价。也就是说，如果中国能够通过外商直接投资很好地掌握或者吸收国外的先进技术将会提高技能溢价。从这两个方面看，外商直接投资对发展中国家技能溢价的影响是不确定的，需要对不同国家的具体情况进行具体分析。

但是就目前中国的实际情况而言，引进的外商直接投资的技术水平整体比较低，因为发达国家外商直接投资主要流入我国的一些低端生产环节，从而使中国对于非技能劳动力的需求不断增加。因此，从这个方面看，目前外商直接投资流入中国缩小了中国的技能溢价水平。

通过上面的分析可知，虽然 H-O-S 定理可以部分地解释发达国家出现的技能溢价现象，但是对于发展中国家出现的技能溢价现象解释能力则相对较弱。在全球化迅速发展的今天，贸易自由化主要通过各种贸易方式对发展中国家的偏向型技术变化和劳动力的相对需求产生影响因而影响其技能溢价水平，而不是单独地对技能溢价产生影响。那么贸易自由化具体是通过何种途径由偏向型技术变化对技能溢价产生影响的，本节接下来将会对上述内容进行扩展，利用我国的数据进行实证研究，分析贸易开放的同时，技能偏向型技术变化以及其同技能溢价之间的关系。

三、贸易自由化、偏向型技术变化影响技能溢价的机制研究

根据埃皮法尼和甘洽（Epifani & Gancia，2008）的研究，考察包含消费者和厂商以及国外市场的情况下，技能溢价如何随着贸易自由化的发展以及由此导致的技能偏向型技术变化和技能劳动力的相对需求的变化而变化的。

首先考察消费者的偏好。

假设一个国家有两种不同类型的劳动力，技能劳动力和非技能劳动力，分别用 H 和 L 表示，生产两种不同类型的最终产品供消费者消费，这两种产品分别记为 Y_h 和 Y_l。不同消费者的效用是同质的，典型消费者的效用函数可以表示为 CES 形式的：

$$U = \left[(Y_h)^{\frac{\varepsilon-1}{\varepsilon}} + (Y_l)^{\frac{\varepsilon-1}{\varepsilon}} \right]^{\frac{\varepsilon}{\varepsilon-1}} \qquad (5.5)$$

其中，ε 表示两种产品的替代弹性，根据埃皮法尼和甘洽（Epifani & Gancia，2008）可以知道，两种产品的相对需求可以表示为：

$$\left(\frac{p_h}{p_l} \right)^{-\varepsilon} = \frac{Y_h}{Y_l} \qquad (5.6)$$

其中，p_h 和 p_l 表示的是两种最终产品的价格。

现在考虑产品的生产情况。

假设生产产品 h 和 l 的厂商是完全竞争的，并且其投入为 n_i 的中间产品，假设最终产品的生产函数为 CES 形式的：

$$Y_i = \left[\int_0^{n_i} y_i(v)^{\frac{\delta_i-1}{\delta_i}} dv \right]^{\frac{\delta_i}{\delta_i-1}} \qquad (5.7)$$

同时假设 l 部门的中间产品的替代弹性要大于 h 部门的中间产品的替代弹性，并且每个部门的中间产品的替代弹性都要大于消费者对于最终产品消费的替代弹性。

根据公式（5.7），最终产品的价格为：

$$P_i = \left[\int_0^{n_i} p_i(v)^{1-\delta_i} dv \right]^{\frac{1}{1-\delta_i}} \tag{5.8}$$

其中，$p_i(v)$ 是中间产品的价格。

中间产品的生产需要固定的劳动投入数量为 F_i，每个产品的生产需要技能劳动能力 h 和非技能劳动力 l 以及资本品 K，每个劳动力的边际产量为 c_i，中间产品的生产为柯布道格拉斯生产函数形式：

$$y_i = A K_i^{\gamma} (h^{a_i} l^{1-a_i})^{1-\gamma} \tag{5.9}$$

这里 $a_h > a_l$，h 部门是技能劳动力密集型部门，l 部门是非技能劳动力密集型部门[①]。在这种情况下，生产中间产品的厂商在利润最大化的驱动下生产产品的相对价格可以表示为：

$$\frac{p_h}{p_l} = w^{(a_h-a_l)(1-\gamma)} \tag{5.10}$$

同时，由于 $p_i(v) = p_i = \left(1 - \dfrac{1}{\delta_i}\right)^{-1} c_i w_i = w_i$ 以及在利润最大化情况下 $y_i = F_i \delta_i = 1$，可以将 Y_i 以及 P_i 简化为：

$$Y_i = n_i^{\frac{\delta_i}{\delta_i-1}} \tag{5.11}$$

$$P_i = n_i^{\frac{1}{1-\delta_i}} p_i \tag{5.12}$$

在劳动力市场出清的条件下，劳动力的供给和需求是不变的，即 $\bar{L} = H + L$，并且在这里假设技能劳动力占劳动力的总数为 θ，即 $H = \theta \bar{L}$。

资本品、技能劳动力以及非技能劳动力的需求分别为：

$$K = \gamma r^{\gamma-1} \left[w^{(1-\gamma)a_h} n_h + w^{(1-\gamma)a_l} n_l \right] \tag{5.13}$$

$$H = (1-\gamma) \left[a_h r^{\gamma} w^{(1-\gamma)a_h-1} n_h + a_l r^{\gamma} w^{(1-\gamma)a_l-1} n_l \right] \tag{5.14}$$

$$L = (1-\gamma) \left[(1-a_h) r^{\gamma} w^{(1-\gamma)a_h} n_h + (1-a_h) r^{\gamma} w^{(1-\gamma)a_l} n_l \right] \tag{5.15}$$

其中，w 为技能溢价，又生产中间产品的厂商的总成本函数为：

[①] 对于技能劳动力密集型部门和非技能劳动力密集型部门的解释本书在第四章中均有解释和相应的划分。

$$TC_i = (F_i + c_i \, y_i) \, r^\gamma (w_h{}^{a_i} w_l{}^{1-a_i})^{1-\gamma}$$

结合公式（5.10）到公式（5.12），可以得到：

$$n_h^{\frac{\delta_h - \varepsilon}{\varepsilon(\delta_h - 1)}} w^{(1-\gamma)(a_h - a_l)} = n_l^{\frac{\delta_l - \varepsilon}{\varepsilon(\delta_l - 1)}} \tag{5.16}$$

故而可以得到：

$$\frac{\mathrm{d}w}{w} = \frac{\alpha \left[\gamma \dfrac{\mathrm{d}k}{k} + (1-\gamma) \dfrac{\mathrm{d}\bar{L}}{\bar{L}} \right] - \left(\beta \dfrac{\partial n_h}{\partial \theta} \dfrac{\theta}{n_h} - \lambda \dfrac{\partial n_l}{\partial \theta} \dfrac{\theta}{n_l} \right) \dfrac{\mathrm{d}\theta}{\theta}}{(1-\gamma)(a_h - a_l)\varepsilon + \beta \dfrac{\partial n_h}{\partial w} \dfrac{w}{n_h} - \lambda \dfrac{\partial n_l}{\partial w} \dfrac{w}{n_l}} \tag{5.17}$$

其中，$\alpha = \dfrac{(\varepsilon - 1)(\delta_l - \delta_h)}{(\delta_h - 1)(\delta_l - 1)}$，$\beta = \dfrac{\delta_h - \varepsilon}{\delta_h - 1}$，$\lambda = \dfrac{\delta_l - \varepsilon}{\delta_l - 1}$。

从公式（5.17）中可以看出，技能溢价是受到资本品的规模、经济体的规模以及技能劳动力的相对稀缺程度来决定的。那么贸易自由化和偏向型技术变化是如何通过上述过程影响到技能溢价的，下面将进行具体分析。

首先，由于贸易自由化的发展，经济体的市场将会扩大到国外，从整体上扩大了该经济体的规模。同时，由于技能劳动力密集型部门相对较强的规模经济，技能劳动力密集型部门的产出会相应地增加，从而导致该部门产品价格的下降，但是在前面的分析中知道，技能劳动力密集型部门的消费者替代弹性是大于1的，这便会提高消费者对该部门产品的需求，从而提高技能劳动力的相对价格。

其次，贸易自由化的市场规模效应同样会提高技能劳动力密集型部门所使用的资本品的生产效率，从而促使资本品由技能劳动力密集型部门向非技能劳动力密集型部门转移。由于资本品反映的是一国的技术发展水平，故而在这种情况会提高技能溢价。

最后，贸易自由化的发展使得国家之间的冰山贸易成本[①]降低，从其他国家进口资本品的成本也会降低，这对技能溢价会产生正向的影响。

---

① 冰山贸易成本在国际贸易理论中指的是冰山运输成本，是贸易成本的一个方面，一般运输成本被看作"冰山"，类似于冰山从极地冰川漂往目的地时会在海洋气流和风的作用下逐渐融化。这是萨缪尔森于1952年提出并被克鲁格曼引入国际贸易研究中，即以单位运往外地的产品中只有一部分能够到达目的地，其余部分都消耗在途中，消耗掉的就是运输成本。

根据上述理论模型的分析，在劳动力可以自由流动以及产品市场为完全竞争的情况下，做出如下假设。

假设一：在贸易开放条件下，技能劳动力密集型部门的技术进步对技能溢价的影响是正的。

假设二：进口资本设备对技能溢价的影响是正的，也就是说，进口资本设备越多，技能溢价水平越高。

假设三：在其他条件不变的情况下，冰山贸易成本的降低会增加技能溢价。

第二节　计量模型的选择和指标设计

一、模型选择

在现实经济中，影响技能溢价的因素有很多，在理论分析中也知道，目前对影响技能溢价的因素分析中以技能偏向型技术进步以及国际贸易为主，他们对技能溢价的影响并不是孤立存在的，而是相互影响的。因此，需要进行系统的分析他们是如何影响技能溢价的，尤其对我国这样一个发展中国家而言，分析他们对技能溢价的影响对以后理解和分析其他发展中国家的情况具有重要的借鉴意义。

在模型选择中，本节采取一个双对数模型，然后对其进行回归，模型如下所示：

$$\ln(w) = \alpha + \beta\ln(pro) + \eta\ln(H) + \mu\ln(tech_s) + \xi\ln(t) + \upsilon\ln(inp) + \gamma X + \varepsilon$$

$$(5.18)$$

其中，w 表示技能溢价，是技能劳动力与非技能劳动力的工资之比，其值与第三章第二节用到的技能溢价是同一个概念的；pro 表示的是技能劳动力的相对生产效率；H 表示人力资本投资；$tech_s$ 表示技能劳动力密集型部门的技术进步；t 表示的是关税；inp 表示进口资本品；X 表示其他影响技能溢价的因素，包括出口额以及外商直接投资使用情况等，相关变量的解释已经在第四章进行论述。

二、指标选择

对于指标的选择，首先，技能溢价无须过多阐述，在第四章中已经对这一指标进行了详细的说明，由于 CHNS 数据库里的数据并不连续，用全国平均工资序列与既有的技能劳动与非技能劳动工资回归的方法拟合获取，从而可以得到 1988～2014 年的技能溢价的数据。其次，对于被解释变量，技能劳动力的相对生产效率 Pro、人力资本投资 H 以及技能劳动力密集型部门的技术进步，在第四章中也已经进行过相关的说明，用关税来衡量贸易自由化的进程，已有的关于中国平均关税的数据比较连续的能够从世界银行的网站上得到，由于一般关税的获得比较困难，这里所使用的关税是最惠国优惠关税来衡量一般关税的走势①，在这里用 t 表示。inp 表示的进口资本品，考虑到数据的连续性问题，在实证研究过程中，在这里使用的是进口工业制成品占进口总额的比重来衡量。与此同时，为了更好地表明贸易开放对中国技能溢价的影响，延续了第四章中使用的出口贸易占 GDP 的比重 exp 和外商直接投资占 GDP 的比重 FDI 作为解释变量。

三、计量模型分析

根据上面的理论分析并且结合中国的实际情况，通过对上述计量模型进行实证检验，并且通过逐步引入变量的方法得到的结果如表 5.1 所示。

---

① 具体数据来源可以参照世界银行的网站：http：//econ. worldbank. org/WBSITE/EXTERNAL/EXTDEC/EXTRESEARCH/0, contentMDK：21051044～pagePK：64214825～piPK：64214943～theSitePK：469382, 00. html 中 Trends in Average MFN Applied Tariff Rates in Developing and Industrial Countries, 1981～2010 年这一项，2011～2014 年的数据这里没有，但是通过 2011 年和 2012 年国务院关税税则委员会关于 2011 年关税实施方案的通知可以知道，这几年的最惠国税率较 2010 年没有变化。因此，可以使用 2010 年的 7.9% 的数据。

表 5 - 1　　　　　　　偏向型技术变化、国际贸易与技能溢价的实证分析

变量	方程（1）	方程（2）	方程（3）	方程（4）	方程（5）	方程（6）	方程（7）
常数项	-3.39 *** (-2.059)	-2.216 ** (-2.137)	-1.501 (-1.474)	-3.15 *** (-2.25)	-1.501 (-1.47)	-1.224 (-0.383)	-3.37 *** (-1.388)
techs	5.799 *** (0.195)	3.108 *** (0.156)	0.257 (0.024)	1.44 * (0.1322)	0.257 (0.024)		
t	-2.086 ** (-0.075)	-1.44 * (-0.077)	-0.397 (-0.022)		-0.398 (-0.022)	-1.31 (-0.053)	
inp			1.81 * (0.15)	1.163 (0.088)	1.807 * (0.152)	4.77 *** (0.124)	6.448 *** (0.186)
repro	0.698 (0.012)	1.491 * (0.032)	-0.0085 (-0.282)	0.851 (0.021)	-0.282 (-0.009)		1.235 (0.029)
exp	4.731 *** (0.255)					3.919 *** (0.202)	3.169 *** (0.194)
fdi	-5.205 *** (-0.0797)	-1.635 * (-0.033)		-2.813 (-0.058) **		-2.811 ** (-0.041)	
h	3.299 *** (0.372)		-0.609 (-0.145)	0.61 (0.148)			
R^2	0.984	0.95	0.958	0.98	0.959	0.977	0.973
$A\text{-}R^2$	0.978	0.945	0.947	0.975	0.947	0.972	0.967

注：括号内表示标准差，其中 *** 表示 $p<0.01$，** 表示 $p<0.05$，* 表示 $p<0.1$。

表 5 - 1 是通过逐步引入变量的方法进行分析的，从方程（1）至方程（7）中可以看出，无论引用哪些解释变量，方程的 R^2 以及修正的 R^2 值都在 0.95 以上，说明方程的拟合效果都比较好。在方程（1）中，引入的解释变量有偏向性的技术变化、关税、技能劳动力的相对生产效率、外商直接投资、教育投资、出口总额占进出口总额的比例，从回归结果中可以看出，关税的下降对技能溢价的影响是负的，也就是说，关税下降并不会引起技能溢价的上升，而同第三章第二节的分析类似，技能劳动力的相对生产效率对技能溢价的影响并不显著，而在这里面人力资本投资的增加会引起技能溢价的增加，而且影响比较显著。在方程（7）和方程（8）中，不考虑偏向型技术变化对技能溢价的影响，可以看出关税的变化对技能溢价的影响并不显著，进口资本设备对技能溢价的影响比较显著，并且是正

的。也就是说，进口的资本设备的增加会提高技能溢价，同样地，出口额占进出口总额的比例也会增加技能溢价。

针对三个假设进行验证。

假设一：在贸易开放条件下，技能劳动力密集型部门的技术进步对技能溢价的影响是正的。

通过上述实证分析可以看出，现有的实证是支持该假设的。也就是说技能劳动力密集型部门的技术进步对技能溢价的影响是正的，而在第四章中也证实，技能劳动力密集型部门的技术进步是偏向技能劳动力的。因而，可以得出结论认为在我国技能偏向性的技术进步能够对技能溢价产生影响。

假设二：进口资本设备对技能溢价的影响是正的，也就是说，进口资本设备越多，技能溢价水平越高。

通过上述的实证分析，可以证实该假设。也就是说，进口的资本设备越多，技能溢价水平会越高，因为前面的实证分析中，进口资本设备对技能溢价的影响是正的，而且是显著的。

假设三：在其他条件不变的情况下，冰山贸易成本的降低会增加技能溢价。

从上面的实证分析中可以看出，现有的实证结果并不支持该假设，冰山贸易成本的降低对技能溢价的影响并不如已有的研究那么显著。而这一结论同阿米蒂与卡梅隆（M. Amitti & L. Cameron，2012）对印度尼西亚的研究类似，他们利用关税作为解释变量对印度尼西亚的技能溢价成因进行分析，最后得出结论认为关税每降低十个百分点会使得技能溢价减少十个百分点。

第三节　本章小结

通过本章的分析，可以得到如下结论。

第一，在封闭经济条件下，发生技能偏向型技术变化时，在短期内技能劳动力的相对供给是不发生变化的，因而这会增加对技能劳动力的相对需求，由于劳动力市场是完全竞争的，从而会提高技能劳动力的相对工资，也就是提高技能溢价。在长期内，由于技术进步会呈现日新月异的变化，技能偏向型技术变化增长的速度要快于劳动力增长的速度，因而即使技能劳动力的相对供给增加，技能劳动力的工资也会上涨，从而提高技能溢价。也就是说，无论是在长期还是短期，封闭经济条件下，若不考虑其他的影响因素，技能偏向型技术变化的发生都会提高技能溢价。值得注意的是，技能劳动力的相对需求的增加是通过其对非技能劳动力的替代而发生的，这种替代有两种途径：一种是由于技能偏向型技术进步的引进，原先由非技能劳动力进行的工作现在被技能劳动力所替代，从而增加了对技能劳动力的需求；另一种是那些由非技能劳动能力生产的产品被技能劳动力生产的产品替代，其替代弹性越大，则对于技能劳动力的需求也就越多，从而技能溢价上涨得越快。

第二，虽然 H-O-S 定理可以部分地解释发达国家出现的技能溢价现象，但是对于发展中国家出现的技能溢价现象解释能力则相对弱很多。在全球化迅速发展的今天，贸易自由化主要通过各种贸易方式对发展中国家的偏向型技术变化和劳动力的相对需求产生影响而影响其技能溢价水平，并不是单独对技能溢价产生影响。

第三，在贸易开放的情况下，冰山贸易成本的减少并不会对中国的技能溢价产生显著的影响，这与目前已有的对于发达国家的研究得出的结论是不一样的。另外，进口资本设备的增加会提高技能溢价，因为技能劳动力密集型部门是存在技能偏向型技术进步的，因而进口资本设备会增加对于技能劳动力的需求，从而增加技能劳动力的工资。

第四，出口总额占进出口总额的比重对技能溢价有一定的解释力，这说明在中国，贸易开放程度的增加会影响技能溢价的变化。

第六章

高等教育扩招、农业劳动力
转移与技能溢价

众所周知，技能偏向型技术的发展带来的是对技能劳动力需求的增加。然而，最近几年中国的劳动力市场出现几种看似矛盾的现象。首先，随着 1999 年高等教育扩招政策的实施，使中国劳动力市场上技能劳动力的供给在增加，这种技能劳动力供给增加的现象并没有降低不断提高的技能溢价，已有的研究认为，这是技能偏向型技术变化对技能劳动力的需求不断增加的结果（徐舒，2010）；其次，既然技能偏向型技术变化增加了对技能劳动力的需求，那么是否这种需求的增加可以吸收不断增加的供给呢？答案似乎看起来并没有那么简单，因为近几年来中国的劳动力时常出现新的情况，一方面，"大学生就业难"的问题不断凸显；另一方面，"民工荒"现象也一直未得到缓解。那么如何理解和分析这些看似矛盾的现象将会是本章的重点。

第一节　高等教育扩招对技能溢价的影响机制

一、高等教育扩招的基本情况及其对劳动力市场的影响

为了启动内需，促进经济增长，中国从 1999 年开始实施高等教育扩招政策，这导致高等教育招生人数的大幅度增加以及高等教育投入的增加。自高校扩招以来，每年的高校毕业生人数都在迅速增加，为劳动力市场注

入大量的技能劳动力，1998 年高校毕业生人数为 82.9 万人，2008 年则增加到了 511.9 万人，增加了 5 倍多，而到了 2018 年则增加到了 758.5 万人，20 年间增加了 8 倍。[①] 在高等教育扩招后的十几年里，中国的经济增长速度也一直维持在较高的增长水平，2003~2007 年期间，经济增长速度都在 10% 以上，在 2007 年底金融危机以后的 2008 年和 2009 年里也维持在 9% 和 8.7% 的增长速度。较快的经济增速自然增加了对劳动力的需求，尤其是随着国外技术水平的不断引进，这样对技能劳动力的需求也在持续增加。

（一）高等教育供给的快速增长

高等教育扩招不仅能够使得人们接受高等教育的机会增加，同时也使得劳动力市场上接受高等教育的劳动力的供给者增加了，也就是说，高等教育的扩招增加了技能劳动力的供给。

如表 6-1 所示，1991 年，中国普通高校本专科招生人数仅为 61.9 万人，到 2018 年则增加到 790.99 万人，增加了将近 12 倍，而高等教育毛入学率也从 1991 年的 3.5% 增加到 2018 年的 48.1%，尤其是 1999 年高校扩招政策实施以后，高等教育毛入学率增长更快。普通高校本专科在校生人数由 1991 年的 204.37 万人增加到 2018 年的 2831 万人，增加了近 13 倍，这表明高等教育扩招增加了普通人接受高等教育的机会。

表 6-1　　　　　　　　1991~2018 年高等教育招生及在校生情况

年份	普通高校本专科招生人数（万人）	高等教育毛入学率（%）	普通高校本专科在校生人数（万人）	年份	普通高校本专科招生人数（万人）	高等教育毛入学率（%）	普通高校本专科在校生人数（万人）
1991	61.99	3.5	204.37	1996	96.58	8.3	302.11
1992	75.42	3.9	218.44	1997	100.04	9.1	317.44
1993	92.4	5	253.55	1998	108.36	9.8	340.88
1994	89.98	6	279.86	1999	159.68	10.5	413.42
1995	92.59	7.2	290.64	2000	220.61	12.5	556.09

---

① 国家统计局。

续表

年份	普通高校本专科招生人数（万人）	高等教育毛入学率（%）	普通高校本专科在校生人数（万人）	年份	普通高校本专科招生人数（万人）	高等教育毛入学率（%）	普通高校本专科在校生人数（万人）
2001	268.28	13.3	719.07	2010	661.75	26.5	2231.79
2002	320.5	15	903.36	2011	681.50	26.9	2308.51
2003	382.17	17	1108.56	2012	688.83	30	2391.32
2004	447.34	19	1333.49	2013	699.83	34.5	2468.07
2005	504.45	21	1561.77	2014	721.4	37.5	2547.7
2006	546.05	22	1738.84	2015	737.85	40	2625.3
2007	565.91	23	1884.89	2016	748.61	42.7	2695.84
2008	607.66	23.3	2021.02	2017	761.49	45.7	2753.59
2009	639.49	24.2	2144.65	2018	790.99	48.1	2831.03

资料来源：中国教育统计年鉴（1992～2018年）。

如表6－2所示，1998年以来中国从业人员受教育结构变化情况，1998年，大专及以上的从业人员占总从业人员比重为3.5%，而到2018年，这一比重则增加到了19.1%，这表明随着中国高等教育的发展，尤其是1999年大学扩招以后，我国劳动力市场上平均受教育水平在提升，受过高等教育的劳动力比重得到了大幅度的增加。

表6－2　　　　　　　1998～2008年从业人员教育结构变化

年份	高中及以下（%）	专科及以上（%）	年份	高中及以下（%）	专科及以上（%）
1998	96.5	3.5	2009	93.1	6.9
1999	96.5	3.5	2010	92.6	7.4
2000	96.2	3.8	2011	89.9	10.1
2001	96	4	2012	87.1	12.9
2002	94.4	5.6	2013	86.3	13.7
2003	94	6	2014	85.5	14.5
2004	93.2	6.8	2015	82.6	17.4
2005	92.8	7.2	2016	81.9	18.1
2006	93.2	6.8	2017	81.8	18.2
2007	93.4	6.6	2018	80.9	19.1
2008	93.4	6.6			

资料来源：中国人口与就业统计年鉴（1999～2019年）

（二）高等教育投资总量增加

按照凯恩斯的乘数理论，财政投入是政府支出的一部分，其对国内生产总值产生的作用是有一个乘数作用的。而教育投入作为财政投入的重要部分，支出规模对整个国民经济的发展也会产生非常重要的作用。如表6-3所示，1998年以来高等教育经费投资的变化情况。

表6-3 1997~2018年高等教育经费投资

年份	高等教育学校经费（百亿元）	年份	高等教育学校经费（百亿元）	年份	高等教育学校经费（百亿元）
1997	4.36	2004	22.58	2012	80.15
1998	5.98	2005	26.58	2013	81.79
1999	7.65	2007	37.62	2014	86.94
2000	9.83	2008	43.47	2015	95.18
2001	12.48	2009	47.83	2016	101.25
2002	15.83	2010	56.29	2017	111.08
2003	18.74	2011	70.21	2018	120.22

资料来源：中国教育经费统计年鉴（1999~2019年）。

从表6-3可以看出，高等教育经费投入呈现出较快增长的趋势，从1998年的598亿元增加到2018年的12022亿元，增长了近27倍。这样大规模的增长，对经济发展的推动作用也是相当重要。

众所周知，教育是人力资本形成的重要途径，而人力资本是影响经济增长的一个重要因素（杨俊，李雪松，2007）。舒尔茨（Schultz，1961）通过对美国教育投资对经济增长关系的定量研究，估算出美国教育投入对其经济增长的贡献率为33%。改革开放以来，中国的经济取得了长足的发展，经济高速增长的同时政府加大了对教育的投入力度，尤其是1999年高等教育扩招，教育事业发展呈突飞猛进的态势，人口的受教育水平得以明显提升，这无疑大大提升了国民的人力资本水平。卢卡斯（Lucas，1988）认为，经济的长期增长主要来自知识的提升、人力资本积累水平的提高以及有效的制度，而并不是主要来自劳动和物质资本数量的增加。

1999年以前，高等教育在我国还是一种"精英教育"，随着高等教育扩招的不断发展，这种"精英教育"也不断向"大众教育"迈进。而在这一段时期，我国的经济改革也进入了比较关键的时期，各种问题不断凸显，国有企业改革导致的大量职工失业、普通民众的消费相对疲软等各种社会问题相继出现。而高等教育扩招就是在这样的背景下开始实施的。因而这种高等教育的扩招政策对经济的发展起到了积极的作用，如提升了国民整体人力资本水平、增加了人们获得高等教育的机会、缓解了当时存在的严重的就业压力，同时也拉动了内需（谢开勇，2003）。

对于经济发展而言，高等教育扩招无疑具有重要的意义。从短期来看，高等教育的扩招刺激了相关产业的发展，尤其是图书、建筑、餐饮等。同时也为社会提供了相当多的就业岗位，吸纳了大量的失业人员重新就业，对缓解国家面临的经济和社会压力具有显而易见的作用。因此，高等教育扩招对于促进经济增长的作用是不可忽视的（李勇，2004）。从长期来看，高等教育扩招能够使得更多的人获得更好的教育，从而能够从整体上提升人力资本水平（郭琳、车士义，2011）。人力资本的提升又能够提高劳动力的产出效率，从而促进经济的长期增长（蔡俊兰，2011）。同时，高等教育规模增长率与经济增长率之间呈现出明显的反经济周期的关系（马鹏媛、米红，2012），这是因为高等教育培养出来的是社会所需要的各种专业人才，他们是作为人力资本积累的主要方面，对经济和社会的发展起到举足轻重的作用，并将对经济的长期增长产生非常重要和积极的影响。而随着经济的不断发展和高等教育的不断进步，高等教育在人才培养方面已经越来越能够适应经济结构和国民经济各产业发展的需要，因而高等教育对经济增长的适应性在不断提高。因此，从长期来看，高等教育的扩招对经济的增长具有非常重要的作用。

从上面的分析来看，高等教育扩招对短期和长期的经济增长都具有重要的作用，而与此同时，高等教育的扩招也会对经济结构产生一定的影响。按照这样的逻辑，高等教育扩招对劳动力市场也会产生重要的影响，因为他改变了劳动力的受教育结构，改变了劳动力市场上不同技能劳动力的结构，从而对于中国劳动力市场的劳动参与率和人力资本结构产生重要影响（郭琳、车士义，2011）。

自高校扩招以来，中国的劳动力市场经历了诸多变革主要有以下几个方面。

1. 劳动参与率逐渐下降

劳动参与率是衡量劳动力市场变化的一个重要指标，他是指经济活动人口占劳动年龄人口的比率。而高等教育扩招对劳动力市场最直接的影响是劳动参与率，因为更多的接受高等教育的机会减少了年轻人的劳动参与率，在提升劳动力素质的同时也改变了劳动力的供给结构。

根据统计数据，2000~2020年，中国经济活动人口保持了稳定的增长，但是劳动参与率却在不断下降，2000年的劳动参与率为77.99%，2010年劳动参与率则降低到了70.96%，降了七个百分点，而到2020年则继续下降至67.5%。导致这种下降的一个主要原因是入学率，尤其是高等教育扩招以后高等教育毛入学率的提高，直接推迟了年轻人进入劳动力市场的平均年龄。

2. 劳动力平均受教育程度提高

高等教育的扩招虽然由于推迟了年轻人进入劳动力市场的平均年龄，从而使得短期的劳动参与率下降，但是从上期来看，扩招无疑会提高从业人员的平均受教育水平，因为每年都有会大量的大学毕业生进入劳动力市场，例如，1999年，大专及以上学历的就业人员占总体就业人员的比例为3.6%，2010年这一比例则增加到10.1%，到2018年，大专及以上学历的就业人员占总就业人员的比例则提高到了19.1%。由于高等教育扩招的主要受益者为年轻人，所以就业人员中大专及以上学历者所占比例最高的为25~29岁，在2010年这一比例为20.6%，到2018年，这一比例则增加到了35.5%。与此同时，劳动力的技能水平也会随着职业教育和职业培训的大力发展而得到大幅度的提升。另外，由于人力资本的特殊性质，接受更多教育水平的劳动力会更喜欢在未来的职业生涯中增加对自身人力资本的投资。因此，劳动力受教育水平及技能水平的提高会为全社会人力资本总量的进一步提高奠定坚实的基础。

3. 劳动力市场技能溢价在不断增加

在前面已经强调，虽然个人的收入并不全部来自劳动力市场，但是普通劳动力的收入主要还是来源于与工资及其相关的福利待遇。也就是说，对于普通劳动力而言，工资收入以及与之相关的福利待遇（如奖金等）还是其收入的主要来源。因此，收入差距能在很大程度上反映劳动能力市场的运行状况，而劳动力市场的工资差距也是收入差距的一个重要原因。根据世界银行的估计，中国在改革开放之初，收入差距非常小，1982年，中国的基尼系数仅为0.3左右，但是随着经济的发展和市场化的不断推进，基尼系数却在不断提高，2002年中国的基尼系数高达0.479，到了2008年则达到历史最高值为0.491，然后出现逐步回落的现象，2009年降到0.49，到2018年虽然下降到0.468，但仍处于较高水平。在这段时间，教育的个人收益率却在不断提高，由此导致技能溢价的不断增加，这也成为推动中国收入差距扩大的重要因素之一。

4. 失业劳动力的受教育水平结构在不断变化

吴要武、赵泉（2010）通过实证分析，在一个"控制—干预"的框架内分析了高等教育扩招对大学毕业生就业的影响，发现扩招会使得劳动参与率降低、失业率上升，确实会给那些刚毕业的大学生的就业带来困难。尽管如此，上大学依然是一种有利的人力资本投资，大学毕业生和非大学毕业生之间存在着显著的收入差距。

与此同时，随着大学扩招的不断发展，失业劳动力的教育水平结构也在不断变化，根据中国人口与就业年鉴数据显示，2018年，城镇失业人员中高中及以下的失业人口占总的城镇失业人员的72.5%，大学及以上的失业人员占总失业人员的27.5%。图6-1显示了从2006年和2018年中国不同年龄层次城镇失业人员的受教育程度情况。

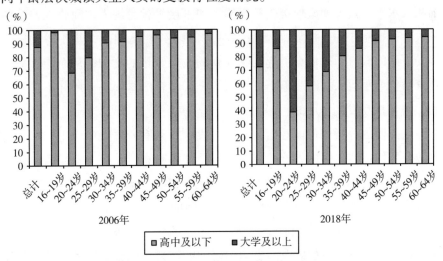

图6-1 2006年和2018年中国按年龄分失业人员受教育程度构成

如图 6 - 1 所示，2006 年和 2018 年，大学及以上失业人员占总失业人员的比重都在不断上升，尤其是年龄在 20~24 岁以及 25~29 岁。2006 年，20~24 岁失业人员中，大学生及以上的人口所占的比重为 31.6%，而到了 2018 年，这一比重则上升到 61.2%；2006 年，25~29 岁这一年龄段中，大学及以上的失业人员所占比重为 20.3%，而 2018 年这一比重上升到 41.8%。这说明随着大学扩招的不断发展，失业人员中获得大学及以上文凭的劳动力比重也在不断提升，失业劳动力的教育水平结构在不断变化。

二、大学生收入溢价产生的原因

作为人力资本积累的主要手段，教育会对人们的收入分配状况产生重要的影响。但是从已有的研究来看，教育在收入差距方面的作用并不是很明确，有的研究认为教育会扩大收入差距，而有的研究则认为教育会缩小收入差距。事实上，教育能够从多个方面对收入差距产生影响。教育对收入差距的作用主要体现在两个方面：一方面是结构效应；另一方面是抑制效应。结构效应是指随着教育的发展，那些受过教育的人由于具有更高的生产能力和更强的配置能力而能够占据收入更高的职业和岗位而获得更高的收入水平，这样便会使接受教育的人和未接受教育的人之间收入差距的拉大。而抑制作用是指随着教育的发展，使更多的人有更多更平等的机会接受更好的教育，这便会引起接受教育的人口数量的增加，从而能够减少教育溢价缩小收入差距。但不可否认的是，教育的这两种作用并不是独立的，而是相互发生作用的。

从上面的分析中可以看出，教育对收入差距有着复杂的作用，那么高等教育的扩招使更多的人能够有机会接受高等教育，并且工资作为普通劳动力最主要的收入来源，这种高等教育的扩招对劳动力之间的技能溢价，也就是大学生劳动力与非大学生劳动力之间的工资又有什么影响？

邢春冰（2010）利用 2000 年和 2005 年的人口普查数据，分析了高等教育扩招对大学毕业生就业的影响，研究的结果表明，高等教育扩招会使得大学毕业生毕业后失业的概率明显增加，即失业率提高了九个百分点，这其中一部分原因是高等教育扩招之后大学生的平均能力降低了（50%的原因是由此导致的）。从总体上而言，扩招会给中国大学毕业生的就业市场带来巨大的压力。既然高等教育扩招对大学毕业生的就业市场造成很大的压力，但是这并没有降低我国的技能溢价，那么大学教育对于大学工资溢价是如何影响的？这种影响又是如何对技能溢价产生影响的？这将是本节分析的重点，也是本章的难点以及本书的创新之一所在。

目前对于大学工资溢价的原因有两种解释：一种是以舒尔茨（Schultz，1961）为首的人力资本理论，该理论随后被贝克尔（Becker，1976）和明瑟（Mincer，1974）所发展，他们认为大学教育能够通过直接提高大学生劳动力的生产效率，这种理论认为教育能够通过提高劳动力的生产效率而对经济增长有所贡献，并且除了人力资本的外溢性之外，在一个完全竞争的劳动力市场上，教育的私人回报和社会回报是一致的。另一种是斯宾塞（Spence，1973）的劳动力市场信号理论。该理论认为大学工资溢价之所以会产生是因为劳动力通过接受大学教育，能够向雇佣单位发送这样一个信号，那就是他们的能力要高于那些非大学毕业生劳动力，该理论认为教育能够通过劳动力和工作之间更好地匹配而对经济增长做出贡献（Stiglitz，1975），并且教育的私人回报要高于社会回报。

（一）人力资本积累效应

在传统的劳动经济学研究里，人力资本是一组能够提高劳动力生产效率的技能或者特征，但是不同的学者对于人力资本有着不同的解释，如贝克尔认为人力资本是一种知识或者技能的积累，而这一积累是生产函数的一个直接部分；根据斯宾塞的观点，人力资本不仅是在生产函数里的一种特征，更是一种能力信号。尽管不同的学者对人力资本有着不同的定义，人力资本积累的来源还是主要分为以下几个方面：一是教育；二是学校的质量以及非学校教育的投资；三是培训；四是周围环境的影响。不可否认的是，从目前世界范围来看，教育是影响人力资本积累的一个很重要的方面。

教育是生产人力资本的一个重要部门，对一个国家的长期发展和国际地位有着决定性的影响（王德文，2003）。在卢卡斯看来，人力资本的积累可以通过正规的学校教育和干中学来积累，前者具有自身的内在效应，他可以使得接受教育的每个人的技能得到提升从而提高劳动生产率，而后者具有外溢性，他是通过实际训练和经验的积累来增加人力资本的（沈坤荣，1997）。但是获得人力资本最有效的途径是学校正规教育，其价值在于提高了劳动力的生产效率，从而增加整个社会的产出，这种生产要素效率主要体现在人力资本的内部和外溢的双重效应（梁赟玲、贾娜，2013）。同时，有学者的研究发现，教育不仅能够增加受教育者自身的人力资本，当这些受教育者成为父母之后，还能够通过代际传递对子女的人力资本积累产生重要影响（张苏、曾庆宝，2011）。而教育投资可以分为公共教育投资和私人教育投资两个方面，前者追求的是公共利益最大化，而后者追求的是个人利益最大化。钱雪亚等（2014）利用 2009~2011 年的省级面板数据，使用随机前言生产函数模型估计了上述两种教育投资类型对人力资本积累的影响。研究结果表明，这两种教育投资方式都能够推动人力资本积累，但是这两种方式对人力资本积累的影响是不同的，并且不同地区的公共教育投入和私人教育投入对人力资本积累的影响是不同的，从整体上而言，公共教育投资是通过改善技术效率而提高人力资本积累效率的，而私人教育投资的直接产出弹性要高于公共教育投资。

（二）劳动力市场信号效应理论

在劳动力市场上，信号传递理论发挥着重要的作用，斯宾塞最早于 1972 年在《劳动力市场中的信号问题》一文中提出了信号在市场中的作用，在斯宾塞的模型里，劳动力市场上存在着信息不对称，即雇员知道自己的能力，而雇主并不知道雇员的实际能力，在这种情况下，雇员的受教育程度能够向雇主传递出有关雇员能力的信息，斯宾塞假设接受教育的成本与其生产能力成反比，不同能力的人的最优受教育程度是不一样的。

教育作为劳动力市场上的一种信号，其传递作用可以分为两个层次进行分析：一个是教育不影响劳动生产率；另一个是教育会影响到劳动生产率。在第一种情况下，雇员可以分为两种类型：一种类型是低能力的雇员；另一种类型是高能力的雇员，雇员知道自己的真实能力，而雇主知道雇员为低能力和高能力的概率均为 1/2。雇员在与雇主签订劳动合同之前会选择接受教育和不接受教育，雇主会在观察到雇员的教育水平后决定支付给雇员的工资水平，也就是雇员的工资水平是其受教育水平的函数，雇员可以选择接受这样的工资水平也可以选择拒绝这样的工资水平。而雇员在签订劳动合同之前接受教育的成本是与其能力成反比的，教育成本越低，其能力越高。这个假定被称为"分离条件"或斯宾塞—莫里斯条件。正是因为不同能力的人接受教育的成本不同，教育水平才可能传递有关能力的信号。例如，获得博士学位和获得学士学位是一样容易的话，那么博士学位获得就不会得到社会和用人单位的重视，从而获得比本科毕业生更高的社会地位。在这种情况下，即使教育不能够提高劳动力的能力，也可以为雇主提供某些信息，以能够将雇员分配在最合适的工作岗位上，从而改进配置效率。在教育能够提高劳动生产率的模型中，雇员的受教育水平则更能成为传递雇员能力的一种信号。

雇主和雇员之间最终的动态均衡如图 6 – 2 所示。

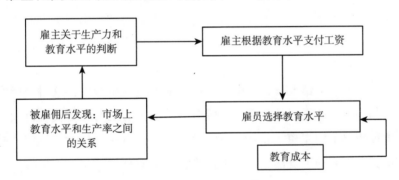

图 6 – 2　劳动力市场信号发送均衡概念

资料来源：该图来自唐可月，张凤林《高校扩招后果的经济学分析——基于劳动市场信号发送理论的研究》，载于《财经研究》，2006 年第 3 期，第 134 页。

具体而言，在劳动力信号发送模型里面，有两种不同类型的劳动力，高能力劳动力和低能力劳动力。总人口中高能力劳动力的总人数为 λ。并且所有的工人知道他们自身的能力，但是厂商在雇用劳动力的时候并不能够直接知道劳动力的能力。高能力劳动力的产量为 y_H，而低能力劳动力的产量为 y_L，劳动力可以接受大学教育。对于那些高能力的人而言，他们接受大学教育的成本为 C_H，而对于低能力的劳动力而言，他们接受大学教育的成本是 C_L，但是这里假设低能力的劳动力在接受大学教育方面的成本要高于高能力劳动力，即 $C_L > C_H$。这是因为那些低能力的劳动力在获取大学教育方面要付出更多的努力。在这里假设劳动力决定接受大学教育的决策为 $e = 1$。当劳动力获得教育之后，那些风险中性的厂商们将会为此产生竞争，这样那些接受过大学教育的劳动力便会得到更高的工资。这一过程的博弈如下：

（1）每个劳动力都能够意识到自己是属于高能力的劳动力还是低能力的劳动力；

（2）每个劳动力在接受大学教育方面的决策分别为 $e = 1$（选择接受大学教育）或者 $e = 0$（选择不接受大学教育）；

（3）厂商在选择雇用劳动力的时候知道每个劳动力存在不同的受教育水平（但是不知道他们的能力），并且通过竞争来雇用这些劳动力。

在这一博弈的情形下，有分离均衡和混同均衡两种不同类型的均衡在分离均衡的条件下，高能力劳动力和低能力劳动力选择不同的受教育水平，在这种情况下，厂商可以通过不同劳动力的受教育水平来推断不同劳动力的能力；在混同均衡的情况下，高能力劳动力和低能力劳动力都选择同样的受教育水平。

在分离均衡的情况下，假设 $y_H - C_H > y_L > y_H - C_L$ 成立，这时候所有的高能力劳动力都获得大学教育，而所有的低能力劳动力都不会获得大学教育，这种情况下的工资为：$w(e = 1) = y_H, w(e = 0) = y_L$。值得注意的是，这种情况下所有的工资都是以是否接受教育为条件的，而并不直接与能力有关，因为厂商在雇用劳动力的时候并不能够直接观察到劳动力的能力水平。首先考虑厂商，在给定劳动力决策的前提下（高能力的劳动力获得大学教育而低能力的劳动力不接受大学教育），获得大学教育的劳动力的生产率为 y_H，与此同时，没有获得大学教育的劳动力生产率为 y_L，没有厂商可以改变劳动力的行为并以此提高其利润率。那么劳动力会做出什么决策？如果高能力的劳动力不去接受教育，那么他的工资水平为 $w(e = 0) = y_L$，但是他实际得到的工资为 $w(e = 1) - C_H = y_H - C_H > y_L$；同理，如果一个低能力的劳动力获得教育的话，他在劳动力市场上寻求工作的时候，厂商会把他当作高能力劳动力，并且支付给他的工资水平为 $w(e = 1) = y_H$。从 $y_H - C_H > y_L > y_H - C_L$ 的假设中可以知道，$y_L > y_H - C_L$，因此，分离均衡的假设下，这种选择对于低能力的劳动力而言是不明智的。因此，在这种均衡的情况下，教育是非常重要的，仅仅是因为教育可以作为一种能力信号。教育之所以能够成为一种能力信号是因为其单交叉性质。

在混同均衡里，当高能力劳动力和低能力劳动力都选择不接受大学教育的时候，工资结构便是这样的：

$$w(e=1) = (1-\lambda)y_L + \lambda y_H$$
$$w(e=0) = (1-\lambda)y_L + \lambda y_H \qquad (6.1)$$

在这种情况下，没有劳动力愿意接受大学教育（因为所有的劳动力在接受大学教育和不接受大学教育的情况下得到的工资都是一样的，并且接受大学教育是需要支付成本的）。因为所有劳动力都选择不接受大学教育，那么劳动力的期望生产率为$(1-\lambda)y_L + \lambda y_H$。

因此，在这种情况下，劳动力市场不会把教育作为一种好的信号，所以那些倾向于并且最终选择接受大学教育的劳动力被视为有着平均能力的劳动力，而不是高能力劳动力。

为了简要说明这一问题，可以将分离均衡里的$y_H - C_H > y_L > y_H - C_L$这一假设扩展为：$y_H - C_H > (1-\lambda)y_L + \lambda y_H$，并且$y_L > y_H - C_L$。在偏离$e=1$的情况下，低能力的劳动力不会从这种偏离中获得任何收益，因为$y_L > y_H - C_L$，劳动力能够得到的最多工资为y_H，而且低能力的劳动力得到的收益为$(1-\lambda)y_L + \lambda y_H$。因此，厂商可以推断偏离$e=1$一定是来自高能力的劳动力，因此，会支付给他们一个高的工资水平y_H。因而，上述的假定也保证了这种偏离对于高能力的劳动力是有益的，从而会打破这一混同均衡。

（三）小结

在分析教育对大学生收入溢价的时候必须能够正确区分这两种效应的作用。因为如果大学生的收入溢价全部是由人力资本积累效应引起的，那么如果要降低不同受教育水平的劳动力的收入差距，则可以仅仅让更多的劳动力接受大学教育便可以降低这种收入差距，与此同时，这还能够有利于提高劳动力的生产效率，从而促进经济的发展；如果不同受教育水平的劳动力的收入差距是由能力信号效应引起的，那么简单的提高劳动力接受大学教育的机会只会适得其反，而不能够降低他们之间的收入差距。

三、人力资本效应、能力信号与技能溢价

上面分别阐述了大学教育的人力资本效应和劳动力市场的能力信号效应，那么当教育的这两种效应同时发生作用的时候，其对技能溢价的机制是什么？现在可以将教育的这两种功能结合起来分析，解释其对不同类型的劳动力的工资的影响机制是什么。

根据阿西莫格鲁和奥特尔（Acemoglu and Autor，2008）关于劳动经济学的授课中。假设教育 e 是连续的，并且 $e \in [0, \infty)$，高能力劳动力和低能力劳动力的教育成本与前文所述是一致的，分别为 $C_H(e)$ 和 $C_L(e)$，他们是严格递增并且是凸的，$C_H(0) = C_L(0) = 0$。并且对于所有的 $e \in [0, \infty)$，有 $C_{L'}(e) > C'_H(e)$，也就是说，对于低能力的劳动力而言，投资于教育的边际成本要始终高于高能力劳动力（见图 6 – 3）。

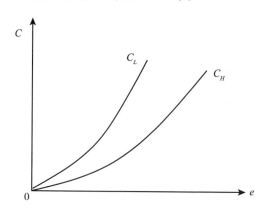

图 6 – 3 教育成本与教育决策

在这里假设两种类型劳动力关于教育水平的产出函数分别为 $y_H(e)$ 和 $y_L(e)$，并且 $y_H(e) > y_L(e)$。

如图 6 – 4 所示，在完全信息的条件下，最优的教育水平为 (e_l^*, e_h^*)，也就是说：

$$y'_L(e_l^*) = C'_L(e_l^*)$$
$$y'_H(e_h^*) = C'_H(e_h^*) \tag{6.2}$$

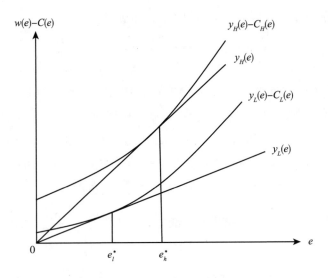

图6-4 完全信息条件下的最优解

但是，在不完全信息的条件下，存在很多均衡，有一些是分离均衡，有一些是混同均衡，还有一些是准分离均衡。运用更为直观的标准推理，可以得到这个博弈的均衡结果，这是一种特殊的分离均衡，其表述如下：首先在完美信息的情况下，能够找到低能力劳动力最倾向选择的教育水平，而这一教育水平恰好与$y'_L(e_l^*) = C'_L(e_l^*)$所决定的最佳$e_l^*$相一致，这样可以得到低能力劳动力的激励相容约束。也就是说，市场预期低能力劳动力的教育水平为e_l^*，低能力劳动力不会去模仿高能力劳动力去获取更高的教育水平，低能力劳动力也不应该倾向于选择市场所期待的高能力劳动力的高教育水平，这样他们得到的是与其受教育水平相关的工资水平。在这种情况下，低能力劳动力的工资水平即为$y_L(e_l^*)$，因此，激励相容约束即为：

$$y_L(e_l^*) - c_L(e_l^*) \geqslant w(e) - c_L(e) \tag{6.3}$$

$w(e)$是支付给受教育水平为e的工资水平，由于e_l^*是低能力劳动力的最佳受教育水平，如果$w(e) = y_L(e)$，这一约束条件便总能得到满足，然而，由市场并不会分别告诉高能力劳动力和低能力劳动力去接受不同的教育水平，低能力劳动力便有可能去"模仿"高能力劳动力，在这种情况下，当$e \geqslant e_l^*$便会出现$w(e) \geqslant y_L(e)$，这样对于某些受教育水平而言便会出现严格的不平等，因此，分离均衡必须得满足 $y_L(e_l^*) - c_L(e_l^*) \geq w(e) - c_L(e)$ 的条件。

另外，在分离均衡的情况下，还会存在一些教育水平为 e_h，这是高能力劳动力的选择。这时候，厂商在雇佣劳动力的时候会依据前面所述的推断，提供的工资水平为 $w(e_h) = y_H(e_h)$，因此，在这种情况下，如果低能力劳动力偏离于这一付出成本的话，市场会认为他是高能力劳动力，并且支付他的工资水平为 $y_H(e_h)$。考虑到受教育水平 e_h 的激励相容约束，可以得到：

$$y_L(e_l^*) - c_L(e_l^*) = y_H(e_h) - c_L(e_h) \tag{6.4}$$

在这种情况下的均衡结果是低能力劳动力选择 e_l^* 并且得到的工资水平为 $w(e_l^*) = y_L(e_l^*)$，并且高能力的劳动力选择 e_h，这样他得到的工资水平为 $w(e_h) = y_H(e_h)$。而且高能力的劳动力会这样做，是因为：

$$
\begin{aligned}
y_H(e_h) - c_H(e_h) &= y_H(e_h) - c_L(e_h) - (c_H(e_h) - c_L(e_h)) > y_H(e_h) \\
&\quad - c_L(e_h) - (c_H(e_l^*) - c_L(e_l^*)) \\
&= y_L(e_l^*) - c_L(e_l^*) - (c_H(e_l^*) - c_L(e_l^*)) \\
&= y_L(e_l^*) - c_H(e_l^*)
\end{aligned}
\tag{6.5}
$$

式（6.5）均衡中可以看出，在这个均衡条件下，比起完美信息的情况下，高能力劳动力会投资于更多的成本与教育上，这里所描述的 e_h 要比在完美信息的情况下高能力劳动力所选择的教育水平 e_h^* 要高。

自此，从理论上分析了在不完全信息情况下，教育通过人力资本和信号传递机制对不同受教育水平劳动力工资的影响。接下来，本书将从理论上分析劳动力转移对技能溢价的影响。

第二节　刘易斯拐点、匹配缺口与技能溢价

根据本书之前的定义，高等教育的扩招意味着劳动力市场上技能劳动力供给的增加，而农业劳动力转移则意味着劳动力市场上非技能劳动力供给的增加，那么农业劳动力的转移对技能溢价将会产生什么影响？其影响机制是什么？

一、农业劳动力转移概况

（一）中国城乡劳动力转移的历史沿革

在工业化过程中，农业劳动力转移是每个国家都曾经或者必将面对的问题，欧美等西方发达国家大多是在第一次或者第二次工业革命的时候就进入了城市化阶段并且在这段时间内完成了农业剩余劳动力向城镇的转移。自改革开放以来，随着经济全球化的发展和中国经济的突飞猛进，大规模农业劳动力的转移显得更加必然。

中国大规模的劳动力转移开始于改革开放以后，因为在这段时间，中国开始实行家庭联产承包责任制，农业机械化不断普及，农业生产效率大大提升，从而释放了大量的农业劳动力；同时，经济体制的改革和完善也使得整个社会经济活跃起来，非农产业得到了前所未有的发展机遇，城镇劳动力的增长已不能满足工业和服务业的发展所需要的劳动力，因而，为了实现国民经济健康平稳发展，让农村剩余劳动力充分就业，在减少社会矛盾的同时使得经济能够得到发展，必然要求农业剩余劳动力向城镇市场转移，由此开启了中国农业剩余劳动力向非农产业和城镇转移的序幕。从整个经济发展过程而言，中国的农业剩余劳动力转移大致经历了四个阶段：

1. 准备阶段，对于农村劳动力流动控制较强，基本是"离土不离乡"（1978~1983 年）

这一时期的主要特点是，经济发展水平不高，国内粮食供给不足，农业机械化比较落后，农业的发展还需要大批的劳动力从事农业生产，同时，城镇原本存在比较严重的就业压力，大批返程知青和大量城镇待业青年需要安排就业，这使得农业劳动力转移的经济条件并不充分。另外，虽然 1978 年召开的党的十一届三中全会，确立了将全党的工作重心转移到社会主义现代化建设上来的重要议题，我国对农业劳动力转移的政策有所松动，但是由于计划经济时期，农业剩余劳动力的转移还面临着各种体制障碍，如城乡分离的二元经济体制没有被完全打破，劳动力并不能在城乡之间自由流动。所以在这一段时期，国家严格控制农业剩余劳动力向城市转移。但是为了解决这部分劳动力的就业并且促进乡镇经济的发展，国家出台了相关的政策鼓励乡镇企业以促使农业剩余劳动力就地转移到非农产业，因此，这段时期农业劳动力转移可以简单地概括为"离土不离乡，进厂不进城"，以此促进了整体经济的平稳发展。

2. 快速发展到速度减慢，区域之间的限制逐渐削弱，但又逐步控制（1984～1991 年）

这一时期中国经济的发展特点呈现出特殊的形式，由于先期国家经济发展战略以及经济体制的改革而使得农业剩余劳动力的问题不断凸显，农业生产率的提高使得农业释放出更多的剩余劳动力。与此同时，城市工业和服务业在解决城镇人口就业问题的同时也为吸纳农村剩余劳动力提供了空间。这一阶段的农业劳动力转移主要分为两个时期，第一个时期是 1984～1988 年，第二个时期是 1988～1991 年。在前一个阶段，由于政府放松了对农业剩余劳动力向非农产业和城镇劳动力市场转移的管制，甚至在政策上鼓励城乡之间的交流，农业剩余劳动力开始大量向非农产业和城镇劳动力市场上转移，所以在这一阶段，农业剩余劳动力转移速度和流动数量均增长较快。但是，随着大量农村劳动力盲目流动到城市，给城市带来了各种社会问题，如交通运输运力不足、社会治安不稳定、劳动力市场管理出现各种问题、劳动纠纷时有发生等。同时，随着经济环境的治理、经济秩序的整顿使城市和乡镇企业就业机会开始减少，农村劳动力流动和转移的空间逐渐缩小，故而在后一时期，国家先后出台各项政策规定，加强对于农村劳动力盲目流动的管制。因此，在 1989～1991 年这三年，中国农业剩余劳动力向非农产业和城市劳动力市场转移和流动的速度明显放缓。

3. 劳动力转移以外出打工为主，转移速度加快，转移规模壮大（1992～2000 年）

这一时期经济发展的特点是：中国经济体制改革取得了阶段性成果，东南沿海地区经济迅猛发展，大量外资企业进入，尤其是在 1992～1996年，乡镇企业蓬勃发展，非农产业以及城市经济的发展创造了大量的就业机会，为吸纳农村剩余劳动力创造了巨大的空间。在政策上，国家由先前的控制盲目流动转变为鼓励和引导劳动力有序流动，例如，于 1995 年颁布的《关于加强流动人口管理工作的建议》，另外，一些沿海城市结合当地的实际情况，出台了各种地方性的政策来加强对农村劳动力流动的有序管理。因此，这一阶段农业劳动力转移的主要特点是，农民背井离乡，去东南沿海打工，农业劳动力转移较前期数量要大，但是后期受到亚洲金融危机的影响，同时，在这一段时间，随着国有企业改革的深化，国有企业大量裁员，因而这一段时间转移的速度有所放缓。总体而言，这一阶段的农业剩余劳动力转移主要适是以外出打工为主，转移速度相较于之间还是在逐步加快，同时转移的规模也在扩大，为今后的进一步发展奠定了坚实的基础。

4. 农村剩余劳动力转移稳步加快阶段（2001 年至今）

进入 21 世纪，尤其是在 2001 年中国加入世界贸易组织以后，中国贸易自由化在逐步推进，进出口总额也逐步增加，整体经济也在慢慢融入全球化的国际竞争之中。党和政府也更加清楚地认识到解决农业剩余劳动力就业问题的重要性。这一阶段我国经济和社会发展都逐步稳定，国家逐步推出各种有利于农村和农业发展的政策，与此同时，关于农业劳动力转移的政策也发生了明显积极的变化。

从具体内容来看，国家开始重视城乡劳动力市场一体化的建设，并逐步取消各种对农民进城就业的不合理限制，为统筹城乡发展提供了更好的条件和契机；同时，国家在制定政策的过程中还考虑农业劳动力转移过程中需要的诸多配套改革，重视农业劳动力转移中涉及的各种社会保障问题，如子女教育、医疗、养老等。从农业劳动力转移规模来看，该阶段是中国改革开放以来，劳动力流动涉及区域最广、人口数量最多、从事行业最宽泛的一个时期。我国政府在加快城镇化建设步伐、推进城乡劳动力市场一体化以及打破城乡二元经济结构体制等方面的建设中已经迈出了重要的一步。

从上面的分析中不难发现，自改革开放以来，中国的农业剩余劳动力向非农产业和城镇劳动力市场转移经历了一个逐步完善的过程，从完全限制到逐步放开，最后积极鼓励并完全放开，其间虽然出现问题，但总体而言，趋势较为平稳，转移规模和速度在波动中增长。由此可见，中国农村剩余劳动力的转移工作取得了较为显著的成就。

（二）目前中国农业剩余劳动力转移面临的问题

2008 年全球金融危机爆发，在此背景下，民工回乡创业出现新高潮，部分产业向中西部地区开始转移①。从 2004 年开始，中国便开始出现所谓的"民工荒"现象，尤其以东部沿海地区更为严重，到 2010 年，这一现象开始向全国蔓延。表面上看这显示的是随着经济的发展，尤其是制造业规模的逐步扩大，我国对于低技能劳动力的需求在逐步增加，但是这背后却显示出我国各种经济社会政策存在的问题在逐步凸显，长此以往，必将束缚着我国经济的长期发展。

同时，由于农业剩余劳动力所受的教育水平比较低下，在转移到非农产业以及城镇劳动力市场上后只能从事技术含量很低的工作，尤其是第一代农民工。数据显示，2009 年农民工中有 64.8％ 的比例是仅接受过初中教育，而他们转移到城镇劳动力市场后，有 39.1％ 从事的是低端制造业，17.3％ 从事的是建筑业。与第一代农民工相比，新生代农民工接受的教育水平相对要高一些，但是他们还未完全能够成为专业化劳动力，他们对城市生活有着更为强烈的愿望，由于自身能力的限制又使得他们不能够完全融入城市生活，大量的农业剩余劳动力转移到城市之后并未被纳入城市制度框架，户籍制度的限制使得他们不可能同城市人口一样享受同等的教育、医疗和养老等方面的制度保障。近几年的留守儿童问题也成为农业剩余劳动力转移到城镇劳动力市场后所存在的一个严重的社会问题，留守在农村的老年人和小孩也成为后期经济发展的一大隐患。另外，由于青壮年劳动力转移出农业和农村以后，农村的发展出现空白，有地无人种，农业兼业化现象严重，由此造成土地资源的大量浪费。因此，中国在城镇化、工业化以及农业现代化过程中面临着诸多问题，要解决这些问题，需要改革现有产业结构政策，推动中国产业结构优化升级以及向纵深发展，同时需要加快经济转变方式，出台各种政策措施保障农业转移的剩余劳动力在城市的基本生活以及留守儿童的教育等。

---

① 李厚喜：《转型时期中国农村劳动力转移及政策研究》，财政部财政科学研究所博士论文2011 年。

　　"民工荒"的出现以及农业劳动力转移出现的种种问题引出了学术界各种关于中国是否出现"刘易斯拐点"的讨论。同时，农业劳动力的转移对于不同类型劳动力的工资将会产生何种影响，针对这种影响，中国政府、厂商以及个人应该怎么做，这将是本书讨论的重点，将在下面进行具体的讨论。

二、关于刘易斯拐点的争论

　　刘易斯在 1954 年提出了经典的二元经济模型，拉尼斯和费景汉在 1961 年进行扩展并且发展成为刘易斯—拉尼斯—费景汉模型，他们在这个模型里面提出了刘易斯拐点的概念，他们认为在二元经济发展过程中有两个转折点和三个发展阶段：第一拐点是刘易斯拐点意味着农业部门那些边际生产率为零的劳动力全部转移到了城市劳动力市场，劳动力工资的上涨时期标志；第二拐点是指农业部门那些边际生产率大于零但是小于平均农业工资的劳动力转移完成①，其标志是农业部门和非农业部门劳动力工资的均等，因此，第二拐点也被称为"商业化点"，但是刘易斯本人承认对于整个经济发展过程而言，最重要的是第二拐点而不是第一拐点的到来。

　　纵观目前国内的研究，大多数学者判断中国是否到达了刘易斯拐点是根据剩余劳动力的减少以及农业工资水平是否上升，因此，根据定义可以知道，国内学者所谓的刘易斯拐点更接近于刘易斯他们定义的"第一拐点"。目前已经有三种观点来讨论中国是否进入了刘易斯拐点，这三种观点也并非完全对立，前两种观点是以时间点来论述是否进入了刘易斯拐点，这两种观点得到了两种截然相反的结论，即认为刘易斯拐点已经到来（蔡昉、王美艳，2007）或者尚未到来（张宗坪，2008），第三种观点则认为刘易斯拐点并不是一个时间点，而是一个时间区间，并且中国即将进入（李月，2008）或者正处于这个区间之内（汪进、钟笑寒，2011）。

　　关于技能溢价的成因，国外学者给出的解释中最重要的便是偏向型的

---

　　① 李厚喜：《转型时期中国农村劳动力转移及政策研究》，财政部财政科学研究所博士论文 2011 年。

技术变化，即技术的变化偏向于使用更多的技能劳动力，而传统的二元经济理论在论述技术变化的时候并没有考虑到技术变化的偏向性，而仅假设技术变化是中性的。宋冬林（2010）通过分析认为中国存在偏向型的技术变化，但是他在分析的过程中也没有考虑到中国经济的二元性。

在解释和分析发展中国家城市化和工业化的理论中，刘易斯模型一直被认为是最经典的模型，因为其对不少国家在工业化过程中出现的问题均具有较强的解释力，但是中国是一个特殊的国家，其在经济发展过程中出现各种特殊的问题，尤其是近年来出现的"民工荒"与技能溢价并存的现象却对其构成了一个挑战。基于此，本书在已有研究的基础上，考虑到劳动力的异质性以及技术变化的技能偏向性，放松刘易斯模型的相关假设条件，并对其进行修正，结合中国的实际情况进行分析，通过构建一个简单的两部门模型，对解决中国的"民工荒"和技能溢价并存的现象提出相应的对策建议。

三、放松相关假定的刘易斯模型

前面已经分析过，几乎所有在刘易斯模型基础上进行分析的学者都假定劳动力是同质的，也没有考虑到技术变化的技能偏向性。王卫、佟光霁（2014）在其分析中放松了劳动力异质性假设和中性技术进步这一假设，他们将农村劳动力的供给曲线表示为弯曲的阶梯状，并且将劳动力的需求虚线与其供给曲线相结合进行分析，如图 6-5 所示。图 6-5 中表示的是考虑了劳动力异质性以及考虑了偏向型技术变化的刘易斯模型，D 和 D′均表示的是农业剩余劳动力的供给曲线，前者没有考虑劳动力异质性，而后者则考虑了劳动力的一致性。不同的供给水平对应着不同的工资标准，而这里的工资标准则取决于刘易斯所谓的"生存工资"以及教育投入成本，工资水平越高，劳动力的供给也越多，在刘易斯拐点到来之前可能存在若干的转折点，每个转折点都有相对应的工资水平及劳动力供给，按照这种说法，劳动力的供给曲线应该是呈阶梯状的，但是由于农村剩余劳动力无限性的假设，有无数的劳动力供给与工资水平的情况，故而长期以来便呈现出缓慢上升的形状。

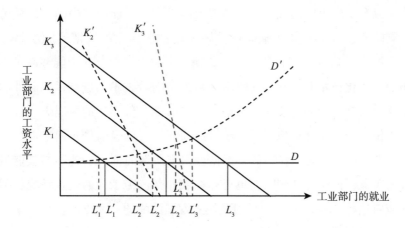

图 6 - 5　考虑劳动力异质性与偏向型技术变化的刘易斯模型

在传统的刘易斯模型中假设技术变化是中性的，但是由于技术变化偏向于使用更多的技能劳动力，而技能型劳动力人力资本积累越多，成本越高，因此，工业部门要想雇用到更高技能的劳动力则需要提高其工资水平。同时，新的需求曲线的斜率将会大于原来的需求曲线的斜率，这是因为随着技能劳动力的技能水平的提升，对于技能型劳动力提高品的需求弹性将会越小，这样便形成了图 6 - 5 所示的对于劳动力的需求曲线从 K_1 到 K_2' 再到 K_3' 的演变路径。

图 6 - 5 中实线表示的是原始的刘易斯模型，虚线则表示放松劳动力同质性以及中性技术变化假设的模型。王卫、佟光霁（2014）认为，原始模型假设劳动力是同质的，因而农业剩余劳动力的供给曲线是图中那条与横轴平行的具有无限供给弹性的曲线，而考虑了劳动力异质性的农业剩余劳动力供给曲线则如上图所示，同时取决于"生存工资"和人力资本投资成本，以 K_2 的变动为例，剩余劳动力的均衡吸纳量由 L_2' 减少到 L_2''。因此，考虑了异质性和技术进步偏向性以后，便会形成一种"匹配缺口"，这种缺口是由于农业部门劳动力的技能水平不能够满足工业部门的技术进步而导致的，同时，当这种不匹配程度增强的时候，工业部门由于技术进步所需的技能劳动力的稀缺程度将会更加明显。

因而，根据他们的分析，"民工荒"现象的出现并不一定意味着刘易斯拐点的到来，即使这一拐点没有到来，也会出现劳动力不能满足工业发展需求以及工资上涨的现象，这些现象的出现也不能说明中国已经从劳动力过剩阶段进入劳动力短缺阶段。因为这种表面上的短缺实际上是一种"匹配缺口"，农业部门转移出来的劳动力有很大一部分并不能够满足不断进步的工业化技术对劳动力的需求。另外，随着技术的进步，偏向性的技术变化需要越来越多的技能型劳动力，在其他条件不变的情况下，这方面劳动力供给的不足便会使得需求部门提高其工资以吸引更多的技能劳动力进行生产。因此，随着经济的发展便会出现所谓的"民工荒"与技能溢价并存的现象，但是与此同时，也会存在农业部门劳动力的失业情况，那么如何应对这种"缺口"将会是国民经济发展面临的一大难题。接下来本书将会对此进行分析。

四、农业劳动力转移影响技能溢价的机制分析

（一）基本模型的设定

在这里笔者假设经济体是一个大的开放的经济体，并且由两个部门组成，一个是城镇部门，另一个是农业部门，并且有两种类型的劳动力，一种是技能劳动力，另一种是非技能劳动力，所有的劳动力都在追求他们个人收入的最大化。同时，假设城镇部门的劳动力和农业部门的劳动力都是完全竞争的，但是，城镇部门的技能劳动力和非技能劳动力是不完全替代的，城镇部门和农业部门的劳动力是市场是分割的，但是劳动力是可以自由流动的，之所以假设两种类型的劳动力是不完全替代的是因为这对于理解劳动力的相对供给对技能溢价的影响是非常重要的，现在引入 Fan & Strark（2008）的模型中所涉及的几个概念。

s^c：代表在劳动力转移之前城镇部门的技能劳动力数量；

l^c：代表在劳动力转移之前城镇部门的非技能劳动力数量；

s^r：代表在劳动力转移之前农业部门的技能劳动力数量；

l^r：代表在劳动力转移之前农业部门的非技能劳动力数量；

m^s：代表转移的技能劳动力的数量；

m^l：代表转移的非技能劳动力的数量。

1. 城镇部门的生产函数

为了简化分析，现在假设城镇部门的生产函数是常数替代弹性生产函数（CES），即：

$$Y_c = \left[A_l(t) L_c(t)^\rho + A_h(t) H_c(t)^\rho \right]^{\frac{1}{\rho}} \qquad (6.6)$$

在这个函数里面，$\rho \leqslant 1$，并且 $A_l(t)$ 以及 $A_h(t)$ 是要素增广型的技术变化，$L_c(t)$ 和 $H_c(t)$ 分别是城镇部门非技能劳动力和技能劳动力的数量。同时，因为没有考虑到代际之间的关系，也不会引起异议，在下面的分析中我将会把时间项忽略掉，因此，生产函数也可以写成以下的形式：

$$Y_c = \left[A_l L_c^\rho + A_h H_c^\rho \right]^{\frac{1}{\rho}} \qquad (6.7)$$

从上述的 CES 生产函数可以看出，技能劳动力和非技能劳动力之间的替代弹性是 $\sigma = \dfrac{1}{1-\rho}$，城镇部门所有的非技能劳动力的数量是：

$$L_c = l^c + m^l \qquad (6.8)$$

而城镇部门所有的技能劳动力的数量是：

$$H_c = s^c + m^s \qquad (6.9)$$

为了使分析更符合中国的国情，假设没有城镇部门的劳动力愿意转移到农业部门去，虽然现实生活中，会有一部分的劳动力转移到农业部门，但是因为数量微乎其微，为了简化分析要做出这个假设。

另外，在本书的分析框架中，技术进步并不能够仅提高技能劳动力的生产率，它还会提高非技能劳动力的生产率水平。也就是说，不存在可以替代技能劳动力或者非技能劳动力的技术变化。但是 A_h 的增加与技能劳动力的互补性或者替代性依赖于技能劳动力和非技能劳动力之间的替代弹性。

因为在本节分析之前就假设这个经济体是一个大国并且是开放的，因此该经济体的产出是由世界市场决定的并且因此独立于该国经济体的产出，在这里将城镇部门生产的产品的价格单位化为 1。因为在之前已经假设劳动力市场是完全竞争的，因此，城镇部门的劳动力价格为：

$$w_c^l = \frac{\partial Y_c}{\partial L_c} = A_l^\rho \left[A_l^\rho + A_h^\rho \left(\frac{H_c}{L_c} \right)^\rho \right]^{\frac{1-\rho}{\rho}} \qquad (6.10)$$

在这个方程中，可以清楚地看到当城镇部门的整体劳动力数量增加的时候，非技能劳动力的工资也会增加，因为 $\dfrac{\partial w_c^l}{\partial \frac{H_c}{L_c}} > 0$。

同样的分析，可以看到城镇部门的技能劳动力的工资为：

$$w_c^h = \frac{\partial Y}{\partial H} = A_h^\rho \left[A_h^\rho + A_l^\rho \left(\frac{H_c}{L_c} \right)^{-\rho} \right]^{\frac{1-\rho}{\rho}} \qquad (6.11)$$

在这里面，$\dfrac{\partial w_c^h}{\partial \frac{H_c}{L_c}} < 0$，因此可以看到随着城镇部门技能劳动力的增加，他们的工资会降低。

同时，可以得到城镇部门的技能溢价为：

$$w_{sp} = \frac{w_c^h}{w_c^l} = \left(\frac{A_h}{A_l} \right)^\rho \left(\frac{H_c}{L_c} \right)^{-(1-\rho)} = \left(\frac{A_h}{A_l} \right)^{\frac{\sigma-1}{\sigma}} \left(\frac{H_c}{L_c} \right)^{-\left(\frac{1}{\sigma}\right)} \qquad (6.12)$$

对公式（6.12）两边对数化可以得到：

$$\ln w_{sp} = \frac{\sigma-1}{\sigma} \ln\left(\frac{A_h}{A_l} \right) - \frac{1}{\sigma} \ln\left(\frac{H_c}{L_c} \right) \qquad (6.13)$$

在这里面，$\dfrac{\partial \ln w_{sp}}{\partial \frac{H_c}{L_c}} < 0$，这意味着在城镇部门，技能劳动力供给的相对增加将会降低给定技术水平下的技能溢价。

2. 农业部门的生产函数

现在考虑农业部门的生产函数。在农业部门，其生产的投入品为土地、劳动力和技术的变化，并且在该部门中，生产函数为柯布道格拉斯形式，即：

$$Y_r = A_r F(R(t), L_r(t)) = A_r R(t)^\alpha L_r(t)^{1-\alpha} (0 < \alpha < 1) \qquad (6.14)$$

其中，Y_r、$R(t)$ 以及 $L_r(t)$ 分别指的是农业部门的总产出、土地的投入以及农业部门投入的劳动力，正如在第四章第一节中所论述的，在分析中将会把时间因素忽略掉，因为这并不会影响最终分析结果。因此，生产函数还可以为：$Y_r = A_r R^\alpha L_r^{1-\alpha}$，并且在这个生产函数中，农业部门的总的劳动投入为：

$$L_r = s^r + l^r - m^s - m^l \tag{6.15}$$

农业部门的技术变化是外生的：$\dot{A}_r = gA_r$

因为农业部门的技术变化是外生的，所以其所使用的劳动力不论是技能劳动力还是非技能劳动力都不会对最终的产出有什么不同的影响，因此，农业部门技能劳动力和非技能劳动力的工资水平是一样的：$w_r = w_r^l = w_r^h = \dfrac{\partial Y_r}{\partial L_r} = (1-\alpha)A_r \left(\dfrac{R}{L_r}\right)^\alpha$。

而且土地资源的存量是不会变化的，也就是说：$\dot{R} = 0$

随着经济的发展，农业部门的技能劳动力会向城镇部门转移，其转移的数量是受到两种因素的影响：一种是城镇部门技能劳动力的相对工资；另一种是农业部门的劳动力为成为技能劳动力而要接受的教育投入成本（C），也就是说：$\tilde{m}^s = F\left(\dfrac{w_c^h}{w_r^h}, \ C\right)$

这里根据托达罗（Todaro，1970）的理论，城镇部门和农业部门之间的预期工资差距是引起劳动力转移的一个动机之一，预期工资差距越大，转移的劳动力将会越多。根据目前中国的农业劳动力转移情况来看，这一假设在本书的分析中也是成立的，换句话说，在其他条件不变的情况下，城镇部门技能劳动力相对于农业部门技能劳动力的工资越高，将会有越多的农业部门的技能劳动力转移到城镇部门。因此，可以得到 $\dfrac{\partial \tilde{m}^s}{\partial \frac{w_c^h}{w_r^h}} > 0$，而 $\dfrac{\partial \tilde{m}^s}{\partial C} < 0$ 则意味着在给定的城镇部门工资水平的情况下，农业部门的劳动力接受教育的成本越低，将会有越多的农业部门劳动力转移到城镇部门。

3. 农业部门教育支出的增加

考虑到这样一个事实，即不论政府在农业部门的教育投入有多少，在农业部门总会存在着非技能劳动力的，因此根据刘易斯的理论，在刘易斯拐点到达之前，农业部门剩余劳动力的转移对于农业部门的生产不会产生任何影响，另外，这还会提高农业部门的边际产品。

因为 $\dfrac{\partial \tilde{m}^s}{\partial C} < 0$，可以看出，政府教育支出的增加将会提高农业部门技能

劳动力的增加速度，伴随着劳动力的自由流动，城镇部门的劳动力数量将会增加，因为 $H_c = s^c + m^s$。根据公式（6.13）可以看出，在给定的技术变化下，H_c 的增加将会减少城镇部门的技能溢价。因此，对于整个经济体而言，政府对农村部门教育支出的增加将会是一种帕累托改进。

第三节　高等教育扩招、农业劳动力转移
影响技能溢价的实证分析

一、计量模型的建立

在第五章通过计量模型分析了偏向型技术变化与国际贸易因素对技能溢价的影响，在这里主要通过相关的计量模型来分析高等教育扩招与农业劳动力转移对技能溢价的影响，建立下列模型进行分析：

$$\ln(w) = \alpha + \beta\ln(gs) + \eta\ln(mw) + \mu x + \varepsilon \qquad (6.16)$$

其中，gs 表示的是每年大学生毕业增长率，用来表示高等教育扩招情况；mw 表示每年农业劳动力转移数量；x 表示其他控制变量。前面分析的其他影响技能溢价的因素，为了使得分析连贯一致，重新将这些因素做一说明，技能劳动力的相对生产效率、人力资本投资、技能劳动力密集型部门的技术进步、进口资本品、出口额以及外商直接投资使用情况等。

二、计量模型分析

本书利用 stata12.0 对上述建立的模型做回归分析，如表 6 - 4 所示。通过表 6 - 4 可以看出，在不引入任何控制变量的时候，高等教育的扩招和农业劳动力转移都会对技能溢价产生一定的影响，但是农业劳动力转移对技能溢价的影响要更大一些，在引入技能劳动力密集型部门的技术变化以及出口额的时候，高等教育扩招对技能溢价的影响则变为负向的，这说明高等教育扩招并没有拉大不同技能劳动力之间的工资差距，反而是大量的农业劳动力转移到城镇劳动力市场而对不同技能劳动力之间的工资差距产

生影响。

表 6-4　　　　高等教育扩招、农业劳动力转移对技能溢价影响的实证分析

变量	方程（1）	方程（2）	方程（3）	方程（4）	方程（5）	方程（6）
ln*mw*		0.323 *** (0.0916)	0.247 ** (0.0955)	0.158 ** (0.0697)	0.273 (0.240)	0.347 (0.259)
ln*gs*	0.236 *** (0.0143)	0.116 *** (0.0360)	0.0411 (0.0524)	−0.00440 (0.0381)	0.0555 (0.0827)	0.0135 (0.0708)
techs			6.48e−09 * (3.46e−09)	8.23e−09 *** (2.46e−09)	4.19e−09 (4.25e−09)	4.60e−09 (4.34e−09)
fdi					−0.0221 (2.072)	−1.321 (1.646)
h					−1.016 (1.035)	
exp				0.852 *** (0.183)		
repro						−0.000238 (0.000753)
Constant	−0.915 *** (0.0731)	−3.424 *** (0.715)	−2.466 *** (0.848)	−1.609 ** (0.622)	−2.555 (2.011)	−3.195 (2.220)
R^2	0.925	0.953	0.960	0.981	0.963	0.962

注：*、**、*** 分别表示通过 10%、5% 与 1% 的显著性水平检验。

第四节　本章小结

首先，本章通过理论分析对高等教育扩招影响技能溢价的影响途径和机制进行了研究，表明高等教育扩招对技能溢价的影响主要通过人力资本效应和劳动力市场信号效应。其次，对农业劳动力转移对技能溢价的影响进行了理论分析，通过建立理论模型发现，中国的刘易斯拐点并未完全到来，政府教育支出的增加将会提高农业部门技能劳动力的增加速度，伴随着劳动力的自由流动，城镇部门的劳动力数量将会增加，对于整个经济体而言，政府对农村部门教育支出的增加将会是一种帕累托改进。通过实证

分析发现，在控制其他变量的情况下，高等教育的扩招对技能溢价的影响是负向的，即便不引进其他控制变量，高等教育扩招对技能溢价的影响也不如农业劳动力转移大，这说明高等教育扩招并没有拉大不同技能劳动力之间的工资差距，反而是大量的农业劳动力转移到城镇劳动力市场而对不同技能劳动力之间的工资差距产生影响。这从实证上印证了本书关于农业劳动力转移对技能溢价影响的作用机理。故而，政府应该加大对农村劳动力的教育投入力度，提高农业剩余劳动力的技能水平，从而使得不同技能劳动力之间的工资差距缩小。

第七章

最低工资制度对技能溢价的影响

第一节　中国的最低工资制度

劳动力市场与普通的商品市场一样需要相关的制度规范进行约束，目前劳动力市场的制度主要可以分为三类：第一类是规范就业关系的制度；第二类是规范产业关系的法律；第三类是社会保障法，具体而言主要有《劳动合同法》、工会、医疗和失业保险、最低工资制度等。但是就目前中国情况而言，对劳动力工资影响最为直接和最大的是最低工资制度。因此，本书在分析影响技能溢价的制度因素的时候主要是对最低工资制度对技能溢价的影响进行分析。

最低工资是雇主支付给雇员的最低劳动报酬。目前，世界上的大多数国家都已经实施了最低工资制度，这一制度最早是在欧美等工业化比较先进的发达国家实施的，如美国早在1938年就颁布了《公平劳动标准法案》来规定联邦的最低工资标准，与此同时，美国各个州也都根据自身经济发展状况制定自己的最低工资标准，以保障劳动力的基本生活。

中国是在1984年国务院颁布的《制定最低工资确定办法公约》中最早引进了最低工资制度的概念，但是并没有具体实施最低工资标准，而只是对最低工资制度进行了较为宽泛的解释（龚强，2010）；中国正式提出将实施最低工资制度是在1993年中国劳动与社会保障部发布的《企业最低工资规定》。随后，1994年最低工资制度才开始以法律的形式确定下来，其标志是政府通过的《中华人民共和国劳动法》。但是在刚开始实施的时候，并不是全国各个城市和地区都开始执行，有一部分城市和地区并未真正实施，直到1995年全国仅有130个城市实施最低工资标准。随着经济的发展和法律制度的不断健全，才开始有越来越多的城市执行这一政策。

在最低工资标准确立之初，一般采用两种形式的最低工资：一种是月最低工资；另一种是小时最低工资。在最低工资标准的确定上通常有比重法和恩格尔系数法两种方法。现实中，政府一般还会对通过上述两种方法计算的最低工资标准进行适当和必要的修正，在修正的过程中，政府往往会考虑如下因素：整体和当地经济发展水平、失业保险金标准、职工个人缴纳的社会保险费等。中国31个省份均确立最低工资标准是在2004年底，采取的是月最低工资标准方法。

表7-1展示了1997~2015年CHNS所调查的省份最低工资标准。

表7-1　　　　　　　　　各省份最低工资标准　　　　　　　单位：元/月

年份	辽宁	黑龙江	江苏	山东	河南	湖北	湖南	广西	贵州
1997	*	250	280	240	240	200	190	210	200
2000	320	325	390	320	290	260	325	275	260
2004	450	390	620	530	380	400	460	460	400
2006	590	620	750	610	480	460	480	500	550
2009	700	680	960	920	650	700	665	670	650
2011	1100	880	1140	1110	1080	1100	1020	820	930
2015	1300	1160	1630	1500	1400	1300	1265	1200	1030

注：由于数据中各省份的最低工资标准没有统一的数据来源，因此只能通过浏览当地政府网站、政策法规以及统计公报来获得。同时，由于每个省份中的各个地级市和县级市都是根据当地的经济发展水平制定符合当地情况的最低工资标准，为了统一起见，本书各省份的最低工资标准依据的是每个省份中最低工资标准水平中的最高标准。北京市、上海市和重庆市为2011年新加入的调研省市，在研究最低工资的时候没有可以参照的年份，因此在这里将不讨论这三个直辖市。

*表示该年份的该省份不在调查范围内。

资料来源：各地统计年鉴。

随着社会经济的不断发展以及法制的不断健全，最低工资标准在劳动力市场的健康平稳的发展过程中发挥了越来越重要的作用，其对保障劳动力实现社会福利，保障劳动力的最低生活中扮演着越来越重要的角色。尤其是近年来，为了应对经济发展过程中出现的收入分配差距拉大、物价不断上涨等问题,最低工资标准制度在经济生活中的接受程度和被重视程度都在不断提升。但不可否认的是,在实施最低工资标准的过程中也存在一些问题,如执行不力,由于最低工资标准的实施而导致企业用工成本上升,很多企业不得不选择使用机器来代替工人,由此导致的失业问题的增加等都是不可忽视的。因此,已经有越来越多的学者关注最低工资标准对经济发展以及不同类型劳动力的工资差异的影响。

已有的关于最低工资的研究主要可以分为理论研究和实证研究两个方面。理论研究主要包括以下几方面的模型[1]:新古典模型、买方垄断模型、效率工资模型、搜寻与匹配模型[2]等。实证研究方面则主要集中于分析最低工资的就业效应[3]、劳动力供给效应[4]、截断效应和溢出效应[5]、收入分配效应以及工资不平等效应等。关于最低工资的收入分配效应[6],已有的研究集中于将最低工资作为一种调整收入分配和反贫困的政策工具,因而有不少学者使用面板数据方法,有研究认为随着受最低工资影响的劳动力比例的升高,贫困率随之降低(Burkhauser & Sabia, 2007)。陈萍(2009)的研究则认为,企业缺少最低工资法规等劳资关系的协调机制是劳动报酬份额下降的主要原因。

在中国,尽管最低工资标准越来越受到关注,但是这一制度性因素在现有的研究中国技能溢价的文献中一直被忽略。从理论上讲,实施最低工资制度可以提高低收入者的工资收入,所以现在多数国家都将最低工资制

---

① 这方面的论述引自吉林大学贾朋的博士论文——《最低工资的就业效应和收入分配效应》,该论文对最低工资的理论研究进行了更为详细的论述。

② 搜寻与匹配模型有时候也被称为动态买方垄断模型。

③ 有的研究认为其对就业产生负面的影响(Neumark & Wascher, 1992),有的研究则得出相反的结论,认为最低工资能够促进就业(Katz & Krueger, 1992),而有的研究则认为最低工资对就业没有影响(Cards, 1992a)。

④ 诺伊马克等(Neumark et al., 2004)通过使用自然实验方法分别估计了最低工资的工资效应、就业效应、工作时间效应以及劳动收入效应。他们的研究发现最低工资对于工资水平在最低工资标准以下劳动力的工作时间具有负面效应,但对于工资水平高出最低工资标准20%以上的劳动力工作时间没有显著的影响。斯图尔特和斯沃菲尔德(Stewart and Swaffield, 2008)的研究也发现最低工资标准的上调对个体工作时间存在负面影响,而Zavodny(2000)则发现提升最低工资对工作时间存在积极作用。

⑤ 最低工资提升会在工资分布的最低工资点处产生截断效应,即对于那些工资水平低于新的最低工资标准但就业并未受到影响的个体而言,最低工资的提高无疑会提高他们的工资水平。

⑥ 这方面的论述同样引自于吉林大学贾朋的博士论文《最低工资的就业效应和收入分配效应》。

度作为一项重要的劳动政策来实施，为了考察制度实施的结果，国外进行了大量的实证分析。而在中国，用微观数据对此进行经验分析的研究相对较少。另外，关于最低工资是否对技能溢价产生影响要取决于很多因素，由于技能劳动力的工资水平高于非技能劳动力的工资水平，从理论上来讲，最低工资对技能劳动力的影响可能会比较小，而对于那些非技能劳动力的工资水平影响可能会比较大。目前为止国外有使用微观数据研究最低工资对技能溢价的影响，如斯隆尼姆齐克和斯科特（Slonimczyk & Skott，2012）通过模型分析认为最低工资标准的上涨会降低技能溢价，其影响机制是通过提高总体和低技能劳动力的就业，但是关于中国在这方面的问题还没有相关的研究。因此，本章的研究可以弥补这两方面的欠缺，以丰富相关领域的研究。

在本章中，将会使用中国统计年鉴以及 CHNS 的数据，通过实证分析回答以下几个问题：一是最低工资标准对不同技能劳动力工资的影响是什么；二是不同地区实施不同的最低工资标准是否会导致技能溢价存在地区间的差别；三是最低工资标准的实施是否会对不同技能劳动力的工资水平产生影响，如果会产生影响，这种影响有多大。

第二节 模型的选择与变量的选取

一、最低工资制度对不同技能劳动力工资差距影响的模型

罗宾逊（Robison，2002，2005）建立了一个模型来分析最低工资标准这一制度的时候对英国不同性别工资差异的影响。本章将对该模型进行相应的修正以分析最低工资制度对不同技能劳动力工资差距的影响。

$$W_i = W_i \quad 如果 W_i > MW$$
$$W_i = MW \quad 如果 W_i^* \leqslant MW \tag{7.1}$$

其中，MW 表示最低工资标准。

公式（7.1）表示在实施最低工资制度之前，如果劳动力的工资高于最低工资标准，那么在实施最低工资制度后其工资水平不变。而在实施最

低工资制度之前,那些工资水平低于最低工资标准的劳动力,在实施最低工资标准后,工资水平将会被提高到与最低工资标准相同的水平。这样,在实施最低工资制度后的平均工资水平将会受到这两组权重的共同影响,即:

$$\ln \bar{w}_{after} = \left[\sum_{mw} \frac{(MW)}{N_{mw}} \right] \times \left(\frac{N_{mw}}{N} \right) + \left[\sum_{N-N_{mw}} \frac{(W_i)}{N - N_{mw}} \right] \left(\frac{N - N_{mw}}{N} \right)$$

$$= \sum_{mw} (MW)^* \frac{1}{N} + \sum_{N-N_{mw}} (W_i)^* \frac{1}{N} \qquad (7.2)$$

在实施最低工资标准前后的平均工资的变化可以表示为:

$$\Delta \bar{W} = \frac{1}{N} \left[\sum_{mw} (MW - W_i) \right] \qquad (7.3)$$

公式(7.3)表明了实施最低工资标准前后的平均工资水平的变化是基于两个原因:一是低于最低工资标准的人数;二是实际工资与最低工资标准的差距。因此,在实施最低工资制度之前的技能溢价可以表示为:

$$\left(\frac{\bar{W}_n}{\bar{W}_s} \right)^{before} = \frac{\sum_{w_n \leq MW} (w_n) \times \frac{1}{N_n} + \sum_{w_n \geq MW} (w_n) \times \frac{1}{N_n}}{\sum_{w_s \leq MW} (w_s) \times \frac{1}{N_s} + \sum_{w_s \geq MW} (w_s) \times \frac{1}{N_s}} \qquad (7.4)$$

其中,下标 s 和 n 分别表示技能劳动力和非技能劳动力(下同)。因此,在实施最低工资之后的技能溢价水平可以表示为:

$$\left(\frac{\bar{W}_n}{\bar{W}_s} \right)^{before} = \frac{\sum_{w_n \leq MW} (MW) \times \frac{1}{N_n} + \sum_{w_n \geq MW} (w_n) \times \frac{1}{N_n}}{\sum_{w_s \leq MW} (MW) \times \frac{1}{N_s} + \sum_{w_s \geq MW} (w_s) \times \frac{1}{N_s}} \qquad (7.5)$$

比较公式(7.4)和公式(7.5),可以作出如下假设。

假设1:由于通过第三章的数据分析可知非技能劳动力中处于工资分布低端的比较多,因此受到最低工资制度影响较技能劳动力大,故而最低工资制度的实施能够有利于降低技能溢价。

二、按最低工资标准分地区的技能溢价的估计

各个地区的最低工资标准存在差距,有的地方最低工资标准较高,有

的地方最低工资标准较低，通过对不同地区最低工资标准的比较可以分析出最低工资标准的变化对技能溢价的影响，因而在分析中需要对不同的最低工资标准进行分析。可以把样本分为最低工资标准较高地区（MW 高标准地区），中等标准地区（MW 中等标准地区）和较低地区（MW 低标准地区）进行函数估计，使用 OLS 的工资函数用公式（7.6）来表示。

$$\ln w_{ijt} = a_{ijt} + \beta X_{ijt} + \varepsilon_{ijt} \qquad (7.6)$$

其中，i、j、t 分别表示劳动力个体，三个地区（高标准地区、中等标准地区和低标准地区）以及各时期。X 为对工资产生影响的其他变量（不同的性别，工作年限等），a 为常数项，ε 表示误差项，β 表示各变量的估计系数。

为了考察在不同的工资分位数上的情况，本书将使用分位数回归模型（Quantile Regression，即 QR 模型）。分位数回归模型可以表示为：

$$\min\nolimits_{x(\theta)} \Big[\sum\nolimits_{h:\ln w_i \geq \beta(\theta)x_i} \theta \,|\ln w_i - \beta(\theta)\,X_i| + \sum\nolimits_{h:\ln w_i \leq \beta(\theta)x_i} (1-\theta)\,|\ln w_i - \beta(\theta)\,X_i| \Big]$$

$$(7.7)$$

$$\rho_\theta \in (0,1)$$

其中，i 代表劳动力个体，θ 代表工资分位数（1% 分位数表示为 1th），其他各变量的内容与公式（7.6）相同，$\rho_\theta(.)$ 是一个选择确率函数（check function 或 indicator function）。分位数回归模型利用使公式（7.7）中的两项误差项为最小的最优法来进行估计的。

$$\min_{\beta(\theta)} \sum_{i=1}^{n} \rho_\theta (\ln W_i - \beta X_i)$$

$$\rho_\theta = \begin{cases} \theta \varepsilon & \text{如果 } \varepsilon \geq 0 \\ (1-\theta)\varepsilon & \text{如果 } \varepsilon < 0 \end{cases} \qquad (7.8)$$

三、最低工资标准对技能溢价影响的模拟 DID 模型

通过上述的分解模型可以从侧面了解最低工资标准对技能溢价的影响，但是本章还将进一步了解实施最低工资制度是否对技能溢价产生影响。在分析最低工资标准的实施是否对技能溢价产生影响时，本书将使用

双重差分（DID）[1] 模型进行分析，该模型是由阿森费尔特和卡德（Ashen-felter & Card，1985）开发，近年来已经被广泛应用于自然实验中针对各类政策问题因果关系的评估。

双重差分法通过衡量由某项政策带来的横向截面与时间序列上的"双重"差异，以识别该政策的"处理效应"，并且能够在一定程度上避免上述两类问题的出现。为控制处理组与对照组之间的系统性差异，实证研究需要至少两个年份的数据，如一个在政策改变以前，一个在政策改变以后，或者是在政策实施期间选取；样本按照使用目的可以划分为四组，即变化前的对照组、变化后的对照组、变化前的处理组和变化后的处理组[2]。

设对照组为 C，处理组为 T，并令处理组 T 中观测的 dT 等于 1，否则等于 0，再令 $d2$ 为第二个时期（政策改变后）的虚拟变量，这时的方程便是：

$$y = \beta_0 + \delta_0 d2 + \beta_1 dT + \delta_1 d2 \times dT + 其他因素 \tag{7.9}$$

其中，y 是回归过程中需要关注的变量，δ_1 度量了政策变量，如果回归中有其他因素，那么 $\hat{\delta}_1$ 就是倍差估计量：

$$\hat{\delta}_1 = (\bar{y}_{2,T} - \bar{y}_{2,c}) - (\bar{y}_{1,T} - \bar{y}_{1,c}) \tag{7.10}$$

其中，每个字母上方的短横线均表示平均，下标中第一个表示年份，第二个表示组[3]。

因此，在这里将在控制其他变量的基础上，对最低工资的实施对不同受教育水平的劳动力工资的影响进行分析，建立如下模型：

$$\ln W_{it} = \alpha + r_{yr} year + r_{tr} treat + r_s skil + r_{yrtr} year \times treat + r_{yrs} year \times skill +$$
$$r_{trs} treat \times skill + r_{did} DID + r_x X_{ikt} + \mu \tag{7.11}$$

在公式（7.11）中，i 表示个体劳动力，t 表示年份，$year$ 表示政策实施的年份，$treat$ 表示实验组，即在实施最低工资的年份中，那些没有实施最低工资的地区，这一点在第一节中已经做了详细的说明，在此不再赘

---

① DID 英文全称为 difference-in-difference，又称倍差估计法。

② 王阳：《我国最低工资制度对企业劳动生产率的影响—基于双重差分模型的估计》，载于《北方经济》2012 年第 3 期。

③ 关于双重差分的具体内容可以参照杰弗里·M. 伍德里奇的《计量经济学导论》（中国人民大学出版社）中第十三章的具体论述。

述。*skill* 是技能哑变量，即这里的 DID 项是技能 *skill*，政策实施年 *year* 和实验组 *treat* 的交互项（*skill* × *year* × *treat*）。X_{ikt} 为其他影响工资的因素，例如性别、所在单位性质、工作经验等，这里都将作为控制变量。

由于 CHNS 数据库中最低工资实施的年份中不存在没有实施该项制度的省份，故而借鉴马欣欣，李实（2014）的方法，以实施最低工资制度实施之前的年份（1990 年和 1992 年）[①] 为初始年，以最低工资制度实施之后的年份（1996 年、1999 年、2003 年、2005 年、2008 年、2010 年和2014 年）为制度实施年来生成多组的实验组和对照组，并且把初始年两种技能劳动力工资差异最大且在制度实施年最低工资标准较高地区的样本设定为模拟实验组，把初始年份两种技能劳动力工资差异较小且在制度实施年中最低工资标准低于实验组地区的样本设定为对照组。

对于此模型，如果 DID 的估计系数 r_{did} 在统计上有意义，就证明最低工资制度的实施对不同技能劳动力的工资差异会产生影响。

第三节　实证分析

一、不同地区最低工资标准对技能溢价的影响

如附录图 1 ~ 附录图 7 中所示[②]，这组图分别考察了 1992 年，也就是最低工资实施之前，以及最低工资实施之后的 1996 年、1999 年、2003 年、2005 年、2008 年、2010 年和 2014 年不同地区技能劳动力和非技能劳动力的核密度分布图和最低工资标准。从中可以得出以下几个主要结果。

第一，在实施最低工资标准之前，除了山东省和广西壮族自治区外，其他省份的非技能劳动力的工资水平普遍要低于技能劳动力的工资水平，并且那些非技能劳动力工资分布处于低端的比例要明显高于技能劳动力。

---

① 在第一章和第三章的论述可知，1989 年中国不存在技能溢价的情况，因此，在本节以及接下来的实证分析中初始年份的分析不包括 1989 年。

② 在本章分析过程中，都是将不同技能劳动力的名义工资和名义最低工资标准对数化来进行分析的。

而技能劳动力中位于工资分布高端的比例同非技能劳动力相比则相差无几。

第二，在实施最低工资标准之后的几年中，随着时间的推移以及最低工资标准的进一步落实，不同地区表现出不同的特点。在 1996 年，最低工资标准实施的第三年，黑龙江省和湖南省不同技能劳动力的工资差异较小，黑龙江省的技能劳动力的工资要小于非技能劳动力的工资水平。而在 1999 年、2003 年、2005 年、2008 年、2011 年和 2014 年，所有被调查省份的技能劳动力工资都要高于非技能劳动力的工资。

第三，从最低工资标准在工资分布中的位置可以看出，不同地区最低工资标准位于工资分布的位置有所不同，这表明最低工资标准对技能溢价的影响存在地区差异。在 1996 年，与其他省份相比，黑龙江省最低工资标准的位置较高，这一方面显示了低于最低工资标准的劳动力比例相对较高，另一方面也提示了在黑龙江省最低工资标准对工资分布的影响范围较大。湖南省的最低工资标准在工资分布中位置相对较低，这表明在湖南省低于最低工资标准的劳动力比例相对较低，最低工资标准对工资分布的影响范围则较小。在 1999 年，黑龙江省和江苏省的最低工资标准的位置较高，湖南省和广西壮族自治区的最低工资位置则较低，但是在 2003 年，广西壮族自治区的最低工资标准的位置则提高，2005 年，广西壮族自治区最低工资标准的位置则进一步提高。与 2005 年相比，2008 年山东省的最低工资标准的位置进一步提高。

第四，从最低工资标准对不同技能劳动力的影响来看。在 1996 年，黑龙江省的技能劳动力受最低工资标准影响的比例要高于非技能劳动力，而其他省份则表现出最低工资标准对技能劳动力的影响相对较弱的现象。随着时间的推移和经济的发展，技能劳动力受到最低工资标准影响的比例要远远小于非技能劳动力。

二、最低工资标准对不同技能水平劳动力工资的影响

为了考察最低工资标准对不同技能劳动力工资的影响，本节利用分位数回归模型分析最低工资标准对不同技能劳动力工资的影响。从工资分位

数估计的结果看，最低工资标准对不同技能劳动力的工资影响程度是不一样的。在同一技能类型的劳动力中，最低工资标准对位于工资分布不同位置的劳动力的工资影响也不同。以 2014 年为例，最低工资标准的变化对技能劳动力不同影响不同。对于技能劳动力而言，最低工资标准仅对技能劳动力的 75% 分位数组和 90% 分为数组的工资产生影响，且其上涨一个百分点，会使得 75% 分位数组的工资上涨 0.4 个百分点。对于非技能劳动力而言则是"U"型的，如最低工资标准上涨一个百分点将会使得 10% 分位数的非技能劳动力工资上涨 0.586 个百分点，使得位于工资分布 90% 分位数的非技能劳动力工资上涨 0.487 个百分点，如表 7-2 所示。

表 7-2　　　最低工资标准对不同技能劳动力工资影响的分位数回归

年份	项目	技能劳动力		非技能劳动力	
		系数	标准差	系数	标准差
1996	10%分位数	-1.853	-0.544	0.0886	-0.163
	25%分位数	-1.528***	-0.466	-2.23e-07	-0.0684
	50%分位数	-0.646**	-0.268	0.282**	-0.119
	75%分位数	-0.480	-0.324	0.247***	-0.0938
	90%分位数	0.384	-0.327	0.235	-0.15
1999	10%分位数	0.631*	-0.322	0.678***	-0.181
	25%分位数	0.646	-0.399	0.477***	-0.0993
	50%分位数	1.182***	-0.39	0.450***	-0.111
	75%分位数	0.907***	-0.219	0.583***	-0.0964
	90%分位数	0.831***	-0.257	0.596***	-0.134
2003	10%分位数	0.990**	-0.392	0.509***	-0.147
	25%分位数	0.816***	-0.29	0.542***	-0.117
	50%分位数	0.710**	-0.308	0.494***	-0.0856
	75%分位数	1***	-0.303	0.531***	-0.141
	90%分位数	1.329***	-0.33	0.869***	-0.146
2005	10%分位数	0.473**	-0.204	0.442*	-0.262
	25%分位数	0.419**	-0.192	0.417***	-0.158
	50%分位数	0.643***	-0.237	0.355***	-0.118
	75%分位数	0.312	-0.204	0.373***	-0.0848
	90%分位数	0.216	-0.234	0.333**	-0.169

续表

年份	项目	技能劳动力		非技能劳动力	
		系数	标准差	系数	标准差
2008	10%分位数	0.129	−0.295	−0	−0.0823
	25%分位数	0.149	−0.216	−0	−0.102
	50%分位数	0.349	−0.263	0.242 **	−0.0997
	75%分位数	0.219	−0.296	0.386 **	−0.171
	90%分位数	0.419	−0.399	0.369	−0.232
2010	10%分位数	0.0701	−0.296	0.375 ***	−0.143
	25%分位数	0.233	−0.187	0.677 ***	−0.138
	50%分位数	0.199	−0.19	0.750 ***	−0.122
	75%分位数	0.130	−0.246	0.873 ***	−0.137
	90%分位数	−0.0825	−0.433	0.960 ***	−0.22
2014	10%分位数	0	−0.302	0.586 **	−0.263
	25%分位数	3.82e−08	−0.177	0.434 *	−0.237
	50%分位数	0.0382	−0.117	0.317 *	−0.173
	75%分位数	0.444 ***	−0.144	0.457 ***	−0.0953
	90%分位数	0.693 *	−0.375	0.487 *	−0.254

注：分位数回归控制了劳动力的民族、性别、婚姻状况、工作单位性质以及所处行业等变量。
* 、 ** 、 *** 分别表示通过10%、5%与1%的显著性水平检验。

因此，通过最低工资标准对不同技能劳动力工资的影响可以看出第二节中的假设一并不成立，即最低工资标准对技能劳动力和非技能劳动力工资都会产生一定程度的影响。

三、使用准实验模型的 DID 分析

为了进一步分析最低工资标准的实施对不同技能劳动力工资差别的影响，本书还进行了模拟 DID 分析，表 7-3 给出了分析结果，从这些分析结果中可以得出以下几个主要结论。

——基于需求—供给—制度的逻辑框架

表 7 - 3　　　　最低工资标准对不同技能劳动力工资差异影响的模拟 DID 分析

以 1990 年 为初始年	1990 ~ 1996 年	1990 ~ 1999 年	1990 ~ 2003 年	1990 ~ 2005 年	1990 ~ 2008 年	1990 ~ 2010 年	1990 ~ 2014 年
政策实施年	1. 229 *** - 0.0165	1. 488 *** - 0.0168	1. 831 *** - 0.0185	1. 992 *** - 0.0188	2. 335 *** - 0.0187	2. 594 *** - 0.0185	2. 987 *** - 0.0193
模拟实验组	0. 0108 - 0.0193	0. 0108 - 0.0217	0. 0108 - 0.021	0. 0108 - 0.0212	0. 0108 - 0.0224	0. 0108 - 0.0216	0. 0108 - 0.0231
技能劳动力	0. 136 *** - 0.0271	0. 136 *** - 0.0475	0. 136 *** - 0.046	0. 136 *** - 0.0465	0. 136 *** - 0.0491	0. 136 *** - 0.0473	0. 136 *** - 0.0506
政策实施年 * 模拟实验组	- 0.0555 * - 0.0315	- 0.0342 - 0.0328	- 0.0573 - 0.0381	- 0.0351 - 0.0374	0. 0443 - 0.0372	- 0.027 - 0.0365	0. 0994 *** - 0.0373
政策实施年 * 技能劳动力	0. 0129 - 0.0518	0. 130 ** - 0.0589	0. 353 *** - 0.0603	0. 430 *** - 0.058	0. 447 *** - 0.0608	0. 359 *** - 0.0563	0. 315 *** - 0.0587
模拟实验组 * 技能劳动力	- 0.0114 - 0.0814	- 0.0114 - 0.124	- 0.0114 - 0.12	- 0.0114 - 0.122	- 0.0114 - 0.128	- 0.0114 - 0.124	- 0.0114 - 0.132
DID 项	0. 127 - 0.152	0. 000426 - 0.158	- 0.382 ** - 0.161	- 0.13 - 0.149	- 0.319 ** - 0.154	- 0.138 - 0.141	- 0.116 - 0.145
以 1992 年 为初始年	1992 ~ 1996 年	1992 ~ 1999 年	1992 ~ 2003 年	1992 ~ 2005 年	1992 ~ 2008 年	1992 ~ 2010 年	1992 ~ 2014 年
政策实施年	0. 846 *** - 0.0179	1. 123 *** - 0.0183	1. 470 *** - 0.0209	1. 616 *** - 0.0208	1. 950 *** - 0.0206	2. 202 *** - 0.0204	2. 597 *** - 0.0214
模拟实验组	- 0.238 *** - 0.0381	- 0.17 *** - 0.0275	- 0.171 *** - 0.0274	- 0.171 *** - 0.0276	- 0.171 *** - 0.0288	- 0.171 *** - 0.0278	- 0.171 *** - 0.0293
技能劳动力	0. 0515 - 0.0645	0. 0515 - 0.0662	0. 0515 - 0.0658	0. 0515 - 0.0663	0. 0515 - 0.0691	0. 0515 - 0.0668	0. 0515 - 0.0705
政策实施年 * 模拟实验组	0. 142 *** - 0.0469	- 0.0026 - 0.0406	- 0.0345 - 0.046	0. 0541 - 0.0468	0. 204 *** - 0.0456	0. 151 *** - 0.0445	0. 274 *** - 0.0434
政策实施年 * 技能劳动力	0. 028 - 0.082	0. 169 ** - 0.0766	0. 370 *** - 0.0789	0. 484 *** - 0.0765	0. 513 *** - 0.0795	0. 428 *** - 0.0746	0. 399 *** - 0.0773
模拟实验组 * 技能劳动力	0. 277 * - 0.144	0. 290 ** - 0.121	0. 290 ** - 0.121	0. 290 ** - 0.122	0. 290 ** - 0.127	0. 290 ** - 0.122	0. 290 ** - 0.129
DID 项	0. 111 - 0.177	- 0.0151 - 0.157	- 0.248 - 0.174	- 0.25 - 0.161	- 0.544 *** - 0.16	- 0.382 *** - 0.147	- 0.421 *** - 0.146

注：在1990年为初始年的分析中，通过计算和比较，将山东省和湖北省作为模拟实验组，而将河南、江苏、湖南、广西和贵州作为对照组；在1992年为初始年的分析中，通过计算和比较，将湖北省和河南省作为模拟实验组，将其他省份作为对照组。* 、** 、*** 分别表示通过10%、5%与1%的显著性水平检验。

首先，在不同时期，最低工资标准的实施对不同技能劳动力工资差异的影响是不同的。1990~1996 年、1990~1999 年、1992~1996 年、1992~1999 年、1992~2003 年这段时期，DID 项的回归结果并不显著，这说明在这些时期，最低工资标准的实施对不同技能劳动力工资差异的影响在统计学上并没有显著的意义。而在其他时期，如 1990~2003 年、1990~2005 年、1990~2008 年、1990~2010 年、1992~2005 年、1992~2008 年、1992~2010 年等，DID 项的回归结果都很显著，这说明在这些阶段，最低工资标准的实施都对不同技能的劳动力的工资产生影响，并且从回归结果来看，都显著地有利于降低不同技能劳动力之间的工资差距。例如，1990~2008 年这一阶段，最低工资标准每提高一个百分点便会使得技能劳动力和非技能劳动力之间的工资差距降低 0.3 个百分点，又如，1992~2010 年这一阶段，最低工资标准每提高一个百分点便会使得技能劳动力和非技能劳动力之间的工资差距降低 0.38 个百分点。

其次，从分析结果中可以看出，短时间内最低工资标准的实施对缩小不同技能劳动力之间的工资差距效果并不明显。但是，随着时间长度的拉大以及经济水平的发展，最低工资标准实施的力度不断增强，最低工资标准的实施对降低不同技能劳动力之间的工资差距发挥着越来越重要的作用，并且影响也越来越显著。例如，1992~2005 年，DID 项为 -0.252，而到了 1992~2010 年，DID 项则变为 -0.382。这表明，从长期角度来看，最低工资标准的实施有利于减少中国的技能溢价水平，并且在发挥着越来越重要的作用。

第四节　本章小结

最低工资制度作为实现福利社会的保障措施，在劳动力市场的发展中扮演者越来越重要的作用。本章通过理论模型和实证分析，得出以下三点结论。

首先，最低工资标准的实施对不同经济发展水平地区的不同技能劳动能力的工资水平产生不同的影响。例如，1996 年黑龙江省的技能劳动力受最低工资标准影响的比例要高于非技能劳动力，而其他省份则表现出最低工资标准对技能劳动力的影响相对较弱的现象。但是随着时间的推移和经济的发展，技能劳动力受到最低工资标准影响的比例远远小于非技能劳动力。

其次，分位数回归结果表明，最低工资标准对技能劳动力和非技能劳动力工资都会产生强烈的影响。因此，仅从分位数回归不能看出最低工资标准的实施对技能溢价产生何种影响。

最后，本章使用准实验模型的 DID 分析表明，从短时间内看，实施最低工资标准并不会对不同技能劳动力的工资水平产生影响。但是从长期看，最低工资标准的实施有利于降低中国的技能溢价水平，并且在发挥越来越重要的作用。

第八章

研究结论、政策建议以及未来工作展望

第一节 研究结论

收入分配一直是关系国家稳定和经济发展的重要问题，技能溢价作为收入分配不平等的一个重要方面，早在 20 世纪 90 年代就引起了经济学家们的关注，尤其是欧美等发达国家，而国内关于这方面的研究并不是很丰富，本书利用 CHNS 数据，从需求、供给和制度三个方面对中国的技能溢价成因进行了研究，通过研究主要得出以下五个结论。

第一，中国出现了劳动力平均受教育水平的提高与技能溢价同时并存的现象，尤其是自 1999 年高等教育扩招之后，大学劳动力供给的增加并没有降低技能溢价，恰恰与之相反，中国技能溢价呈现出上升的趋势。与此同时，农业劳动力的转移向非农业以及城镇劳动力市场注入更多的非技能劳动力。中国劳动力市场上出现了一种的特殊现象，即技能劳动力和非技能劳动力供给同时增加，与之相伴的是技能溢价的上涨。通过与国际的比较分析可以看出，中国的技能溢价变化与其他国家的变化有所不同，呈现出波动式上涨的特点。

第二，从整个经济层面看，中国存在技能偏向型技术变化。如果将整体经济部门划分为技能劳动力密集型部门和非技能劳动力密集型部门进行分析时，则会出现技能劳动力密集型部门的技术进步增加了对该部门技能劳动力的需求，而非技能劳动力密集型部门技术的进步则不会增加对该部门技能劳动力的需求。因而，在中国只有技能劳动力密集型部门存在技能偏向型技术进步,如电力、热力、燃气及水生产和供应业、金融业和房地产业;而非技能劳动力密集型部门并不存在技能偏向型技术进步,如农、林、牧、渔业以及制造业等。这也可以从一个方面来解释为什么大量的农业劳动力转移到城镇劳动力市场之后,中国的技能溢价并没有出现太大幅度的波动。非技能劳动力密集型部门的技术进步并没有增加对于技能劳动力的需求,这些部门所需要还是那些非技能劳动力,也就是说,非技能劳动力的供给与需求均在增加,故而其工资水平不会大幅度的下跌,从而不会对技能溢价产生太大影响,而技能劳动力密集型的部门增加了对技能劳动力的需求,从而会从一个方面增加他们的工资水平,对技能溢价的增加产生一定的影响。

第三,在封闭经济条件下,如果存在技能偏向型技术变化,短期内技能劳动力的相对供给不会发生变化,这会增加对技能劳动力的相对需求。由于劳动力市场是完全竞争的,从而会提高技能劳动力的相对工资,也就是提高技能溢价。但是从长期看,由于技术进步会呈现日新月异的变化,技能偏向型技术变化增长的速度要快于劳动力增长的速度,这就使得即使技能劳动力的相对供给增加,技能劳动力的工资也会上涨,从而提高技能溢价。也就是说,无论长期还是短期,在封闭经济条件下,若不考虑其他的影响因素,技能偏向型技术变化的发生都会提高技能溢价。值得注意的是,技能劳动力相对需求的增加是通过其对非技能劳动力的替代而发生的,这种替代有两种途径:一种是由于技能偏向型技术进步,原先由非技能劳动力进行的工作现在被技能劳动力所替代,从而增加了对技能劳动力的需求;另一种途径是那些由非技能劳动能力生产的产品被技能劳动力生产的产品替代,替代弹性越大,则对于技能劳动力的需求也就越多,从而技能溢价上涨得越快。虽然 H-O-S 定理可以部分地解释发达国家出现的技能溢价现象,但是对于发展中国家出现的技能溢价现象解释能力则相对弱很多。在全球化迅速发展的今天,贸易自由化主要通过各种贸易方式对发展中国家的偏向型技术变化和劳动力的相对需求产生影响,并进而影响技能溢价水平,而不是单独地对技能溢价产生影响。在贸易开放的情况下,冰山贸易成本的减少并不会对中国的技能溢价产生显著的影响,这与目前已有的对于发达国家的研究得出的结论是不一样的。进口资本设备的增加会提高技能溢价，因为中国技能劳动力密集型部门是存在技能偏向型技术进步的，因而进口资本设备会增加对技能劳动力的需求，因此出口总额占进出口总额比重的提升对技能溢价有一定的解释力，这说明在中国，贸易开放程度的提高会影响技能溢价。

第四，高等教育扩招对技能溢价的影响主要通过人力资本效应和劳动力市场信号效应。政府教育支出的增加将会提高农业部门技能劳动力的增加速度，伴随着劳动力的自由流动，城镇部门的劳动力数量将会增加。对于整个经济体而言，政府对农村部门教育支出的增加将会是一种帕累托改进。通过实证分析发现，在控制其他变量的情况下，高等教育的扩招对技能溢价的影响是负向的，即使不控制其他变量，高等教育扩招对技能溢价的影响也要小于农业劳动力转移的影响。这说明高等教育扩招并没有拉大不同技能劳动力之间的工资差距，反而是大量的农业劳动力转移到城镇劳动力市场而对不同技能劳动力之间的工资差距产生影响。这从实证上印证了本书关于农业劳动力转移对技能溢价影响的作用机理。故而，政府应该加大对农村劳动力的教育投入力度，提高农村劳动力的技能水平，进一步缩小不同技能劳动力之间的工资差距。

第五，最低工资标准的实施对不同经济发展水平的地区的不同技能劳动能力的工资水平会产生不同的影响。但是一般说来，随着经济发展水平的提高，最低工资标准的实施对非技能劳动力的影响要逐渐高于对技能劳动力的影响。分位数回归结果表明，最低工资标准对技能劳动力和非技能劳动力工资都会产生强烈的影响。因此，仅从分位数回归不能看出最低工资标准的实施对技能溢价产生何种影响。使用准实验模型的 DID 分析表明，在短时间内最低工资标准的实施对不同技能劳动力的工资水平并不会有什么影响，而从长期的角度看，最低工资标准的实施有利于减少中国的技能溢价水平，并且在发挥越来越重要的作用。

从上面的分析中不难发现，在需求—供给—制度的框架下分析技能溢价的影响因素，偏向型技术变化、贸易自由化、高等教育扩招、农业劳动力转移以及最低工资制度之间也是相互联系的。首先，出口是拉动中国经济增长的"三驾马车"之一，贸易自由化对中国的经济结构产生重要影响，从而对劳动力市场产生重要影响。尤其在经济高质量发展的背景下，要改善中国依赖出口、投资和制造业的现状，积极构建经济内外双循环良性互动。这需要中国从"中国制造"向"中国智造"转变，从产出国向消费国转变，这种转变也对劳动力市场提出新的要求。毋庸置疑，也会对中国不同受教育水平的劳动力的工资产生影响，从而影响技能溢价。其次，贸易自由化的发展对中国引进国外先进技术也会产生影响，由"中国制造"向"中国智造"的转变需要引进更多国外先进技术，同时提升自身研发水平，由于偏向型技术水平的存在，这无疑会增加对技能劳动力的需求，这样对其工资水平的影响也是不言而喻的。最后，由于贸易自由化的发展和偏向型技术变化的存在，经济结构的调整会导致经济体中对劳动力的需求结构发生变化，中国的教育政策也会随之发生变化，从而进一步影响劳动力的供给结构。

第二节　政策建议

从本书的分析可以看出，无论是贸易、外商直接投资引发的技术溢出或是自主研发带来的技术进步，都会增加经济体对技能劳动力的需求，从而使技能溢价进一步强化；从供给角度而言，高等教育扩招对技能溢价的影响并不如农业劳动力转移那么强烈；从制度层面看，最低工资标准的实施对技能溢价的影响则会因不同的地区而产生不同的效果。

因此，要优化中国收入分配结构，缓解不同技能劳动力之间的工资差距，需要不同的市场主体相互配合，即需要政府、厂商和个人共同努力，面对新的国际政治经济形势，面对经济发展新阶段，积极转变思想。

就政府层面而言，需要做出以下转变。

第一，政府要增加对教育培训的投入，尤其是那些中西部非技能劳动力比较丰裕的省份，加强其基础教育投入的同时，对那些已经加入劳动力市场中的非技能劳动力，要加大技能培训的力度，从而从整体上提高中国的劳动力的技能水平。针对那些新生代农民工更应该加强教育培训，改善劳动力数量与质量的供给矛盾、缩小技能溢价，这样才能够在优化收入分配结构的同时为中国产业结构的优化升级储备不同的专业技能人才。

第二，由于各种原因，中国的劳动力市场一直存在着不同所有制以及城乡之间不同部门的分割，很多劳动力因为这种客观的身份限制而很难进入那些能够充分发挥其技能水平的部门，由此造成了不必要的工资差距的拉大。因此，政府应该通过制定各种政策和措施来消除这种限制劳动力自由流动的制度和政策障碍，加快劳动力在不同行业和不同部门之间的自由流动，尽快打破部分垄断行业的就业歧视和劳动力市场进入障碍，缓解由此导致的工资差距。

第三，政府要制定有利于人力资本投资的环境，进一步完善社会保障制度，改革收入分配制度，积极构建加速低技能劳动力向高技能劳动力转变的机制，这样才能够在提高非技能劳动力的社会保障水平和收入水平的同时把更多的非技能劳动力转化为技能劳动力。与此同时，也应该通过实施各种有效的措施增加高技能劳动力的供给，如，通过职业培训和人才交流平台的建立来培育更多的低技能劳动力，使之向高技能劳动力转变，通过建立多渠道、多层次的职业技能培训体系而使之不断完善。通过各种手段和措施降低非技能劳动力和低收入居民的生活成本，以此鼓励人力资本积累。

第四，由于技术进步是实现中国产业结构升级和经济增长方式转型的必经之路，是提高中国国际竞争力和国际地位的必然要求，也是进一步推进改革开放向纵深发展的必然选择。因此，中国必须努力促进可续技术的进步，通过自主创新的方式提高自己核心技术水平竞争力的同时努力通过技术贸易、引进外商直接投资等途径，加快提高中国的整体科学技术水平。

对于厂商而言，需要做出以下努力。

首先，通过前面的分析可知进口贸易会对改善中国技能溢价的现象起到一定的作用，尤其是对那些国外先进机器设备的进口。因此，作为进口贸易主体的企业应该注重提高进口商品的技术含量，提高高技术产品和设备的进口比重。同时要继续深化中国企业参与国际市场竞争和产品内分工的专业化程度，缓解那些非技能劳动力的就业压力。与此同时，要相应地提高非技能劳动力的工资水平，加大企业对非技能劳动力的保障力度，从而缓解不同技能劳动力的工资差异。另外，外商直接投资的技术溢出效应将为中国企业员工的人力资本积累、技能培训提供更多的激励作用，从而有助于改善中国的劳动力市场结构，因此，企业在自身发展的同时要注重外商直接投资的引入，在引进外商直接投资的同时积极学习其先进的技术水平。

其次，很长一段时间以来，中国的制造业产品的出口一直是以低附加值为主，很多贸易部门依然是低技能劳动力占主导地位，因为在中国的劳动力市场上低技能劳动力依然占劳动力总体的大多数，但是这种低附加值和低技能劳动力密集的特征对于我国加快劳动报酬正常增长机制的完善并没有任何积极作用，从而导致了低技能劳动力与高技能劳动力工资差距的不断扩大。因此，在全球化不断发展的背景下，中国企业应该利用好世界市场这一资源，充分利用好其他国家的先进技术，不断提升中国制造业的技术含量和附加值。同时，在融入全球化分工的过程中逐步培养本土的优质产业链和价值链，通过从国际市场上进口各种先进的技术和中间产品，带动传统产业中劳动力的人力资本价值的提升。

最后，作为企业也要完善自身的员工培训体系，提高员工的技能水平以适应不断增强的科学技术水平，有效激发员工参与培训的动力和热情，从而不断提高那些非技能劳动力的技术水平。

对于作为消费者同时又是劳动力的普通个人而言，应该做出以下努力。

首先，个人应该充分认识到在全球化背景下，科学技术更新换代的步伐在逐步加快，每个人所面临的竞争也在不断加剧，要想在这种环境下获得自身发展，就必须不断学习先进的技术水平，不断提升自身的人力资本水平和技能水平。

其次，在经济全球化不断深入的今天，作为非技能劳动力群体要想在劳动力市场中获得更多的收益，就必须认清自身存在的不足，通过参加各种技能培训以及在工作中的"干中学"，积极努力学习才能在不断加剧的竞争中拥有立身之地。

最后，由于个人天赋的差异，并不是每个人都适合通过读大学来提高自身的人力资本水平，通过职业技术教育学习专业技能也是提升人力资本的有效途径。因此，作为个人，应该及早认清自己的专长，选择适合自己的教育方式，而不是盲目地仅通过进入大学深造来提升自己。

第三节　未来工作展望

在未来工作中，如果数据允许的话，可以将不同技能劳动力再进一步细化为高技能劳动力、中等技能劳动力以及低技能劳动力，从而能够使得分析结果更贴近中国的现实情况。同时，在本书的分析中没有细分行业的分析，如果能够在分析的过程中细分到行业则会使得分析结果更为稳健和符合现实情况。在第六章的分析中由于数据限制没有能够从实证上分析高等教育扩招对技能溢价的影响是人力资本作用与能力信号作用的不同，而仅做了笼统的理论分析。因此，本研究今后要继续拓展的领域是，深化技能溢价影响因素的理论研究，并采用多种方法进行实证研究。

附　录

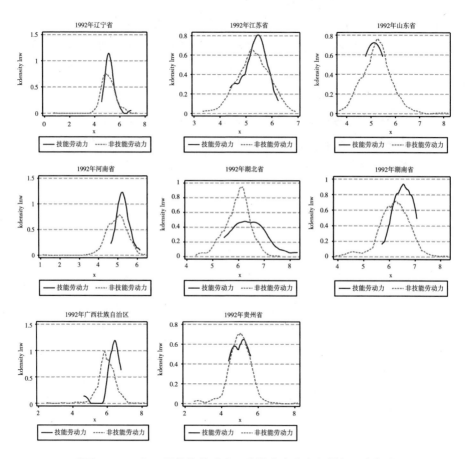

附图1　1992 年不同技能劳动力工资核密度分布和最低工资标准

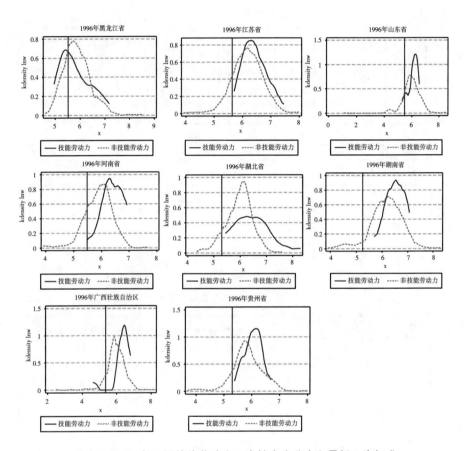

附图2　1996年不同技能劳动力工资核密度分布和最低工资标准

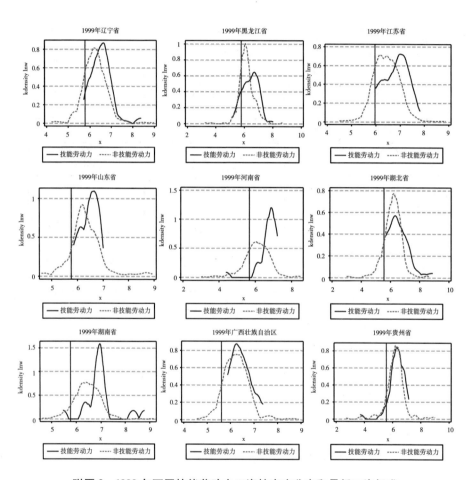

附图3　1999 年不同技能劳动力工资核密度分布和最低工资标准

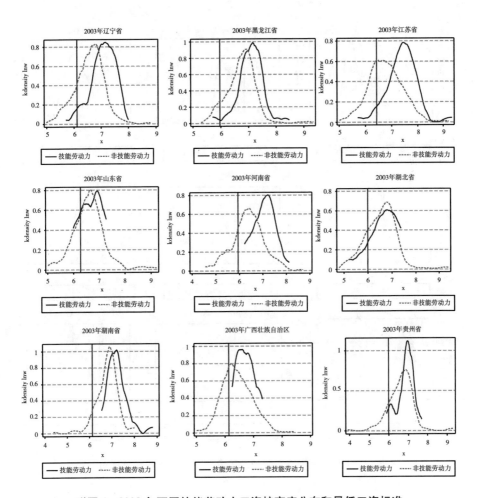

附图 4 2003 年不同技能劳动力工资核密度分布和最低工资标准

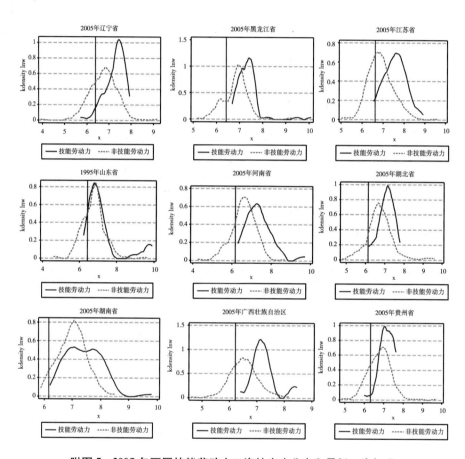

附图 5　2005 年不同技能劳动力工资核密度分布和最低工资标准

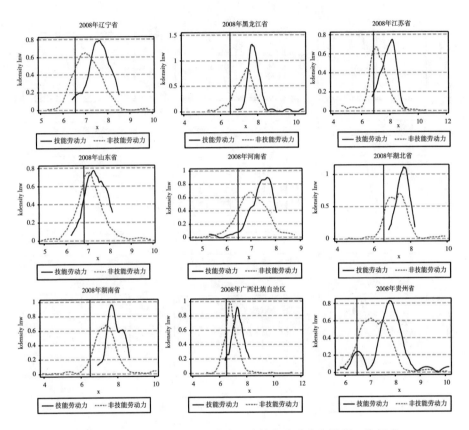

附图 6　2008 年不同技能劳动力工资核密度分布和最低工资标准

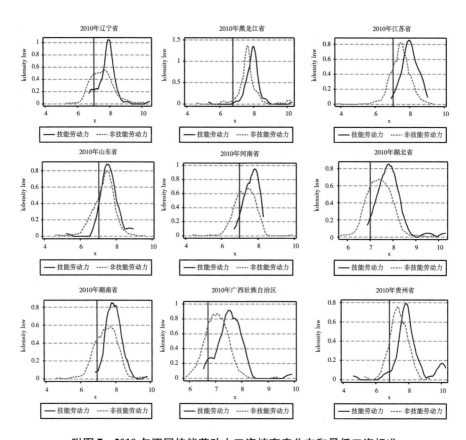

附图7　2010 年不同技能劳动力工资核密度分布和最低工资标准

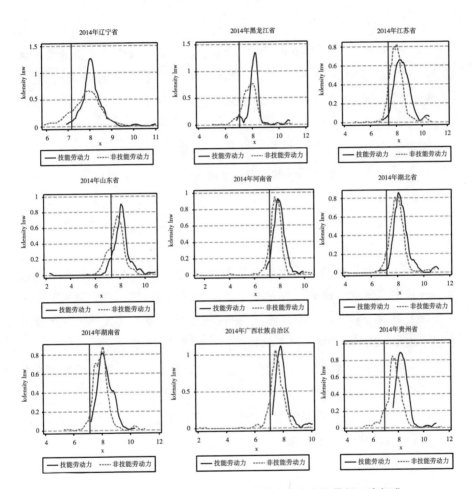

附图 8　2014 年不同技能劳动力工资核密度分布和最低工资标准

参 考 文 献

［1］ Demurger S. ，Fournier M. ，李实，魏众译：《中国经济转型中城镇劳动力市场分割问题——不同部门职工工资收入差距的分析》，载于《管理世界》2009 年第 3 期，第 55 ~ 63 页。

［2］ 蔡昉、王美艳：《农村劳动力剩余及其相关事实的重新考察——一个反射事实法的应用》，载于《中国农村经济》2007 年第 10 期。

［3］ 蔡俊兰：《浙江高等教育与经济发展的协动性分析》，载于《教育与经济》2001 年第 2 期。

［4］ 常进雄、项俊夫：《扩招对大学毕业生工资及教育收益率的影响研究》，载于《中国人口科学》2013 第 3 期。

［5］ 陈斌开、许伟：《所有制结构变迁与中国城镇劳动收入差距演变——基于"估计—校准"的方法》，载于《南方经济》2009 年第 3 期。

［6］ 陈斌开、杨依山、许伟：《中国城镇居民劳动收入差距演变及其原因：1990 - 2005》，载于《经济研究》2009 年第 12 期。

［7］ 成艾华、敖荣军、韦燕生：《中国工业行业技能偏向型技术变化的实证检验》，载于《中国人口·资源与环境》2012 年第 5 期。

［8］ 丁守海：《最低工资管制的就业效应分析——兼论〈劳动合同法〉的交互影响》，载于《中国社会科学》2010 年第 5 期。

［9］ 董直庆、王林辉：《劳动力市场需求分化和技能溢价源于技术进步吗?》，载于《经济学家》2011 年第 8 期。

［10］ 都阳、王美艳：《中国最低工资制度的实施状况及其效果》，载于《中国社会科学院研究生院学报》2008 年第 6 期。

［11］ 段景辉、陈建宝：《高等教育与收入差距：信号博弈模型的研究》，载于《统计与决策》2014 年第 13 期。

［12］ 范静波：《高等教育生源质量与教育质量对个人收入的影响——

兼论教育的生产与信号功能》，载于《教育科学》2013 年第 6 期。

[13] 葛美瑜、张中祥、张增凯：《国际生产分工的技能溢价效应》，载于《经济与管理研究》2020 年第 1 期。

[14] 葛玉好、赵媛媛：《工资差距分解方法之述评》，载于《世界经济文汇》2011 年第 3 期。

[15] 龚强：《最低工资制度对企业和劳动力福利的影响——基于一般均衡模型的扩展分析》，载于《南京大学学报》2009 年第 2 期。

[16] 龚强：《最低工资制在完全与不完全市场中的影响——一个理论分析框架》，载于《南开经济研究》2010 年第 1 期。

[17] 谷宏伟：《高等教育扩张与教育投资过度：基于信号理论的视角》，载于《财经问题研究》2009 年第 1 期。

[18] 郭琳、车士义：《中国的劳动参与率、人口红利与经济增长》，载于《中央财经大学学报》2011 年第 9 期。

[19] 国艳敏：《最低工资制度研究进展》，载于《经济学动态》2009 年第 8 期。

[20] 郝楠：《劳动力就业"极化"、技能溢价与技术创新》，载于《经济学家》2017 年第 9 期。

[21] 黄灿：《贸易开放、收入水平与技能溢价——基于中国居民收入调查数据的检验》，载于《辽宁大学学报（哲学社会科学版）》2019 年第 5 期。

[22] 赖德胜：《高等教育扩张背景下的劳动力市场变革》，载于《中国高等教育》2013 年第 1 期。

[23] 李欣：《技能溢价与工资差距：企业层面的证据》，载于《山东经济》2011 年第 1 期。

[24] 李勇：《高校扩招的实证分析》，载于《数量经济技术经济研究》2004 年第 2 期。

[25] 李月：《刘易斯转折点的跨越与挑战——对台湾 20 世纪 60 – 70 年代经济政策的分析及借鉴》，载于《财经问题研究》2008 年第 9 期。

[26] 梁赟玲、贾娜：《城镇化、老龄化、教育与人力资本——基于 Divisia 指数分解的方法》，载于《人口与经济》2013 年第 5 期。

［27］林毅夫、陈斌开：《发展战略、产业结构与收入分配》，载于《经济学（季刊）》2013年第4期。

［28］刘运转、宋宇：《劳动力异质、技能溢价与中等收入陷阱》，载于《中国科技论坛》2019年第6期。

［29］刘伟、张辉：《中国经济增长中的产业结构变迁和技术进步》，载于《经济研究》2008年第11期。

［30］陆雪琴、文雁兵：《偏向型技术进步、技能结构与溢价逆转——基于中国省级面板数据的经验研究》，载于《中国工业经济》2013年第10期。

［31］罗小兰：《我国最低工资标准农民工就业效应分析——对全国、地区及行业的实证研究》，载于《财经研究》2007年第11期。

［32］马鹏媛、米红：《高等教育规模与经济增长关系演变的实证研究》，载于《教育与经济》2012年第2期。

［33］马双、张劼、朱喜：《最低工资对中国就业和工资水平的影响》，载于《经济研究》2012年第5期。

［34］马欣欣、李实：《关于最低工资制度对中国城镇性别差异的影响经验分析》，载于《中国收入分配研究院工作论文》2014年第16篇。

［35］欧阳秋珍、陈昭、邓丹：《多位技术进步对中国的技能溢价影响》，载于《首都经济贸易大学学报（双月刊）》2017年第2期。

［36］钱雪亚、缪仁余、胡博文：《教育投入的人力资本积累效率研究——基于随机前沿教育生产函数模型》，载于《中国人口科学》2014年第2期。

［37］邵敏、刘重力：《外资进入与技能溢价——兼论我国FDI技术外溢的偏向性》，载于《世界经济研究》2011年第1期。

［38］沈坤荣：《人力资本积累与经济持续增长》，载于《生产力研究》1997年第2期。

［39］宋冬林、王林辉、董直庆：《技能偏向型技术进步存在吗?》，载于《经济研究》2010年第5期。

［40］苏永照：《技术进步偏向对中国劳动力市场的影响》，载于《财贸研究》2010年第1期。

[41] 苏永照：《我国劳动力市场价格机制失衡与"大学生就业难"》，载于《财经科学》2010年第4期。

[42] 孙敬水、丁宁：《企业异质性、劳动力异质性与技能工资差距》，载于《商业经济与管理》2019年第8期。

[43] 唐可月、张凤林：《高校扩招后果的经济学分析——基于劳动力市场信号发送理论的研究》，载于《财经研究》2006年第3期。

[44] 唐礼智、李雨佳：《教育投入、人力资本与技能溢价》，载于《南京社会科学》2020年第2期。

[45] 陶爱萍、周泰云、王炽鹏：《技能劳动、技术进步偏向与技能溢价》，载于《中国科技论坛》2018年第1期。

[46] 田士超、陆铭：《教育对地区内收入差距的贡献：来自上海微观数据的考察》，载于《南方经济》2007年第5期。

[47] 汪进、钟笑寒：《中国的刘易斯转折点是否到来——理论辨析与国际经验》，载于《中国社会科学》2011年第5期。

[48] 王班班、齐绍洲：《有偏技术进步、要素替代与中国工业能源强度》，载于《经济研究》2014年第2期。

[49] 王德文：《教育在中国经济增长和社会转型中的作用分析》，载于《中国人口科学》2003年第2期。

[50] 王弟海：《从收入分配和经济发展的角度看我国的最低工资制度》，载于《浙江社会科学》2011年第2期。

[51] 王舒鸿：《FDI、劳动异质性与我国劳动收入份额》，载于《财经研究》2012年第4期。

[52] 王卫、佟光霁：《异质性、技术进步偏向性与刘易斯转折》，载于《人口与经济》2014年第2期。

[53] 王忠：《技术进步的技能偏向性与工资结构宽化》，载于《中国劳动经济学》2006年第4期。

[54] 韦进：《高校扩招对劳动力市场及教育收益率影响的研究》，载于《中国高教研究》2008年第12期。

[55] 吴要武、赵泉：《高校扩招与大学毕业生就业》，载于《经济研究》2010年第9期。

　　[56] 谢开勇：《从经济角度看高校扩招》，载于《现代教育科学》2003 年第 4 期。

　　[57] 邢春冰：《不同所有制企业的工资决定机制考察》，载于《经济研究》2005 年第 6 期。

　　[58] 徐舒：《劳动力市场歧视与高校扩招的影响——基于信号博弈模型的结构估计》，载于《经济学（季刊）》2010 年第 4 期。

　　[59] 许志成、闫佳：《技能偏向型技术进步必然加剧工资不平等吗?》，载于《经济评论》2011 年第 3 期。

　　[60] 严敏：《高等教育对我国工资收入差距的贡献——基于泰尔指数测算及分解分析》，载于《上海经济研究》2013 年第 4 期。

　　[61] 严鹏飞、王兵：《技术效率、技术进步与生产率增长：基于 DEA 的实证分析》，载于《经济研究》2004 年第 12 期。

　　[62] 颜敏、王维国：《中国技能偏态性技术变迁的实证检验：兼论大学教育溢价》，载于《统计研究》2014 年第 10 期。

　　[63] 杨娟、Demurger S.、李实：《中国城镇不同所有制企业职工收入差距的变化趋势》，载于《经济学（季刊）》2011 第 10 期。

　　[64] 杨俊、李雪松：《教育不平等、人力资本积累与经济增长：基于中国的实证研究》，载于《数量经济技术经济研究》2007 年第 2 期。

　　[65] 杨忠直、姚林如、李莉：《劳动力地区间转移的经济发展趋势分析》，载于《管理科学学报》2010 年第 8 期。

　　[66] 姚先国、方昕、张海峰：《高校扩招后教育回报率和就业率的变动研究》，载于《中国经济问题》2013 年第 3 期。

　　[67] 姚先国、李晓华：《工资不平等的上升：结构效应与价格效应》，载于《中国人口科学》2007 年第 1 期。

　　[68] 姚先国、张海峰：《教育、人力资本与地区经济差异》，载于《经济研究》2008 年第 5 期。

　　[69] 姚先国、周礼、来君：《技术进步、技能需求与就业结构》，载于《中国人口科学》2005 年第 5 期。

　　[70] 殷德生、唐海燕：《内生技术进步、南北贸易与干预政策》，载于《财经研究》2006 年第 4 期。

[71] 喻美辞、蔡洪波：《出口产品质量与技能溢价：理论机制及中国证据》，载于《统计研究》2019 年第 8 期。

[72] 张杰、黄泰岩：《中国企业的工资变化趋势与决定机制研究》，载于《中国工业经济》2010 年第 3 期。

[73] 张俊、钟春平：《偏向型技术进步理论：研究进展及争议》，载于《经济评论》2014 年第 5 期。

[74] 张莉、李捷瑜、徐现祥：《国际贸易、偏向型技术进步与要素收入分配》，载于《经济学（季刊）》2012 年第 1 期。

[75] 张世伟、贾朋：《最低工资标准调整的收入分配效应》，载于《数量经济技术经济研究》2014 年第 3 期。

[76] 张苏、曾庆宝：《教育的人力资本代际传递效应述评》，载于《经济学动态》2011 年第 8 期。

[77] 张宗坪：《"刘易斯拐点在我国已经出现"证伪——"民工荒"假象分析》，载于《山东经济》2008 年第 3 期。

[78] 赵成：《高等教育人力资本信号传递机制略论》，载于《高等教育研究》2005 年第 3 期。

[79] Acemoglu D, Restrepo P. Demographics and Automation. NBER Working Paper, No. 24421, 2018.

[80] Acemoglu D. Why Do New Technologies Complement Skills? Directed Technical Change and Wage Inequality, The Quarterly Journal of Economics, Vol. 113, 1998, pp. 1055 – 1089.

[81] Acemoglu D. Directed Technical Change, Review of Economic Studies, Vol. 04, 2002, pp. 781 – 809.

[82] Acemoglu D. Equilibrium Bias of Technology, Econometrica, Vol. 05, 2007, pp. 1371 – 1409.

[83] Acemoglu D. Patterns of Skill Premia, The Review of Economic Studies, Vol. 02, 2003, pp. 199 – 230.

[84] Acemoglu D. Technical Change, Inequality, and the Labor Market, Journal of Economic Literature, Vol. 01, 2002, pp. 7 – 72.

[85] Acemoglu D., Aghion P., Bursztyn L., Hemous D. The Environ-

ment and Directed Technical Change, American Economic Review, Vol. 02, 2012, pp. 131 – 166.

[86] Acemoglu D. , Johnson S. , Robinson J. A. The Colonial Origins of Comparative Development: An Empirical Investigation, American Economic Review, Vol. 91, 2001, pp. 1369 – 1401.

[87] Açıkgöz Ö. T. , Kaymak B. The Rising Skill Premium and Deunionization, Journal of Monetary Economics, Vol. 01, 2014, pp. 1 – 14.

[88] Açıkgöz Ö. T. , Kaymak D. The Rising Skill Premium and Deunionization, Journal of Monetary Economics, Vol. 63, 2014, pp. 37 – 50.

[89] Afonso O. , Albuquerque A. L. , Almeida A. Wage Inequality Determinants in European Union Countries, Applied Economics Letters, Vol. 20, 2013, pp. 1170 – 1173.

[90] AfonsoÓ. , Thompson M. , Costly Investment, Complementarities and the Skill Premium , Economic Modelling , Vol. 07, 2011, pp. 2254 – 2262.

[91] Aldaba R. M. Impact of Trade Liberalization on Wage Skill Premium in Philippine. PIDS Discussion Paper Series, No. 25, 2013.

[92] Amiti M. , Cameron L. Trade Liberalization and The Wage Skill Premium: Evidence from Indonesia, Journal of International Economics, Vol. 87, 2012, pp. 277 – 287.

[93] Amitt M. , Davis D. R. Trade, Firms, and Wages: Theory and Evidence, Review of Economic Studies, Vol. 79, 2011, pp. 1 – 36.

[94] Angelopoulos K. , James M. , Apostolis P. Human Capital, Social Mobility and The Skill Premium, SIRE Discussion Papers, No. 55, 2013.

[95] Autor D. H. , Dorn D. , Hanson G. H. The China Syndrome: Local Labor Market Effects of Import Competition in the United States, American Economic Review, Vol. 06, 2013, pp. 2121 – 2168.

[96] Autor D. H. , Katz L. F. , Kearney M. S. The Polarization of the U. S. Labor Market, American Economic Association, Vol. 05, 2006, pp. 189 – 194.

[97] Autor D. H. , Katz L. F. , Krueger A. B. Computing Inequality: Have Computers Changed the Labor Market?, The Quarterly Journal of Economics,

Vol. 11, 1998, pp. 1169 – 1213.

[98] Autor D. H. , Katz L. F. , Kearney M. S. Trends in U. S. Wage Inequality: Revising the Revisionists, The Review of Economics and Statistics, Vol. 90, 2008, pp. 300 – 323.

[99] Autor D. H. , Levy F. , Richard J. M. The Skill Content of Recent Technological Change: An Empirical Exploration, The Quarterly Journal of Economics, Vol. 09, 2003, pp. 1279 – 1333.

[100] Balleer A. , and Rens T. Skill-biased Technological Change and The Business Cycle, The Review of Economics and Statistics, Vol. 04, 2013, pp. 1222 – 1237.

[101] Barro R. J. Inequality and Growth in a Panel of Countries, Journal of Economic Growth, Vol. 05, 2000, pp. 5 – 32 .

[102] Barro R. J. , Lee J. , W. A new data set of educational attainment in the world, 1950 – 2010, Journal of Development Economics, Vol. 104, 2013, pp. 184 – 198.

[103] Basco S. , Mestieri M. Heterogeneous trade costs and wage inequality: A model of two globalizations, Journal of International Economics, Vol. 89, 2013, pp. 393 – 406.

[104] Baumgarten D. , Exporters and The Rise in Wage Inequality: Evidence from German Linked Employer-employee Data, Journal of International Economics. Vol. 90, 2013, pp. 201 – 217.

[105] Beaudry P. , Green D. A. Cohort Patterns in Canadian Earnings: Assessing The Role of Skill Premia in Inequality Trends, Canadian Journal of Economics, Vol. 04, 2000, pp. 907 – 936.

[106] Becker G. S. The Economic Approach to Human Behavior. Chicago: University of Chicago Press, 1976, p. 78.

[107] Berman E. , Bound J. , Machin S. Changes in the Demand for Skilled Labor within U. S. Manufacturing: Evidence from the Annual Survey of Manufactures. Quarterly Journal of Economics, Vol. 02, 1994, pp. 367 – 397.

[108] Bernam E. , Bound J. , Machin S. Implications of Skill-biased

Technological Change: International Evidence, The Quarterly Journal of Economics, Vol. 11, 1998, pp. 1245 – 1279.

[109] Bernard A. B. , Jesen J. B. Exporter, Skill Upgrading, and the Wage Gap, Journal of International Economics, Vol. 42, 1997, pp. 3 – 31.

[110] Bernard A. B. , Redding S. J. Comparative Advantage and Heterogeneous Firms, Review of Economic Studies , Vol. 74, 2007, pp. 31 – 66.

[111] Betts J. R. The Skill Bias of Technological Change in Canadian Manufacturing Industries, The Review of Economics and Statistics, Vol. 79, 1997, pp. 146 – 150.

[112] Borissove K. , Hellier J. Globalization, Skill Accumulation and the Skill Premium, Review of Development Economics, Vol. 02, 2013, pp. 220 – 234.

[113] Burstein A. , Cravino J. , Vogel J. Importing Skill-Biased Technology, American Economic Journal: Macroeconomics, Vol. 05, 2013, pp. 32 – 71.

[114] Card D. , Dinardo J. E. Skill-Biased Technological Change and Rising Wage Inequality: Some Problems and Puzzles, Journal of Labor Economics, Vol. 04, 2004, pp. 733 – 783.

[115] Carneiro P. , Lee S. Trends in Quality-Adjusted Skill Premia in the United States, 1960 – 2000, American Economic Review, Vol. 101, 2011, pp. 2309 – 2349.

[116] Caselli M. Trade, Skill-Biased Technical Change and Wages in Mexican Manufacturing, Applied Economics, Vol. 46, 2014, pp. 336 – 348.

[117] Chen Z. , Ge Y. Foreign Direct Investment and Wage Inequality: Evidence from China, World Development, Vol. 08, 2010, pp. 1322 – 1332.

[118] Cho S. W. , D J. P. Trade Integration and The Skill Premium: Evidence From A Transition Economy, Journal of Comparative Economics, Vol. 41, 2013, pp. 601 – 620.

[119] Chusseau N. , Dumont M. , Hellier J. Explaining Rising Inequality: Skill-biased Technical Change and North-south Trade, Journal of Economic Surveys, Vol. 03, 2008, pp. 409 – 457.

[120] Corak M. Income Inequality, Equality of Opportunity, and Intergen-

erational Mobility, The Journal of Economic Perspectives, Vol. 03, 2013, pp. 79 – 102.

［121］ Cozzi G. , Impullitti G. Government Spending Composition, Technical Change, and Wage Inequality, Journal of the European Economic Association, Vol. 08, 2010, pp. 1325 – 1358.

［122］ DiNardo J. , Fortin N. M. , Lemienux T. Labor Market Institutions and the Distribution of Wages, 1973 – 1992: A Semiparametric Approach, Econometrica, Vol. 05, 1996, pp. 1001 – 1044.

［123］ Dinopoulos E. , Syropoulos C. , Xu B. , Yotov Y. V. Intraindustry Trade and the Skill Premium: Theory and Evidence, Journal of International Economics, Vol. 84, 2011, pp. 15 – 25.

［124］ Epifani P. , Gancia G. The Skill Bias of World Trade, The Economic Journal, Vol. 118, 2008, pp. 927 – 960.

［125］ Esquivel G. , Rodríguez-López J. A. Technology, Trade, and Wage Inequality in Mexico before and after NAFTA, Journal of Development Economics, Vol. 72, 2003, pp. 543 – 565.

［126］ Ethier W. J. Globalization, Globalisation: Trade, Technology, and Wages, International Review of Economics and Finance, Vol. 14, 2005, pp. 237 – 258.

［127］ Fallon P. R. , Layard P. R. G. Capital-Skill Complementarity, Income Distribution, and Output Accounting, Journal of Political Economy, Vol. 83, 1975, pp. 279 – 302.

［128］ Fan C. S. , Stark O. Rural to urban migration, human capital and agglomeration, Jornal of Economic Behavior & Organization, Vol. 68, 2008, pp. 234 – 247.

［129］ Fang H. M. Disentangling the College Wage Premium: Estimating a Model With Endogenous Education Choices, International Economic Review, Vol. 04, 2006, pp. 1151 – 1185.

［130］ Fariñas J. C. , Martín-Marcos A. Exporting and Economic Performance: Firm-level Evidence of Spanish Manufacturing, The World Economy,

Vol. 30, 2007, pp. 618 – 646.

[131] Feenstra R. C. , Hanson G. H. The Impact of Outsourcing and High Technology Capital on Wages: Estimates for The United States, 1979 – 1990, The Quarterly Journal of Economics, Vol. 08, 1999, pp. 907 – 940.

[132] Fleisher B. , Li H. Z. , Zhao M. Q. Human capital, economic growth, and regional inequality in China, Journal of Development Economics, Vol. 92, 2010, pp. 15 – 231.

[133] Fleisher B. M. , Hu Y. F. , Li H. Z. , Kim S. Economic Transition, Higher Education and Worker Productivity in China, Journal of Development Economics, Vol. 94, 2011, 94, pp. 86 – 94.

[134] Galiani S. , Sanguinetti P. The Impact of Trade Liberalization on Wage Inequality: Evidence From Argentina, Journal of Development Economics, Vol. 72, 2003, pp. 497 – 513.

[135] Galor O. , Moav O. , Vollrath D. Inequality in Landownership, the Emergence of Human-Capital Promoting Institutions, and the Great Divergence, Review of Economic Studies Vol. 76, 2009, pp. 143 – 179.

[136] Goldberg P. K. , Pavcnik N. Distributional Effects of Globalization in Developing Countries, Journal of Economic Literature, Vol. 01, 2007, pp. 39 – 82.

[137] Goldin C. , Katz L. F. Technology, Skill, and the Wage Structure: Insights from the Past, American Economic Association, Vol. 05, 1996, pp. 252 – 257.

[138] Goldin C. , Katz L. F. The Origins of Technology-Skill Complementarity, The Quarterly Journal of Economics, Vol. 08, 1998, pp. 693 – 732.

[139] Grogger J. , Eide E. Changes in College Skills and the Rise in the College Wage Premium, The Journal of Human Resources, Vol. 30, 1995, pp. 280 – 310.

[140] Hanson G. H. , Harrison A. Trade Liberalization and Wage Inequality in Mexico, Industrial and Labor Relations Review, Vol. 52, 1999, pp. 271 – 288.

[141] Harrison A. , Hanson G. Who Gains from Trade Reform? Some Re-

maining Puzzles, Journal of Development Economics, Vol. 55, 1999, pp. 125 –
154.

[142] Haskel J. E. , Slaughter M. J. Does the Sector Bias of Skill-biased
Technical Change Explain Changing Skill Premia? European Economic Review,
Vol. 46, 2002, pp. 1757 – 1783.

[143] He H. , Zh. Liu. Investment-Specific Technological Change, Skill
Accumulation, and Wage Inequality, Review of Economic Dynamics, Vol. 11,
2008, pp. 314 – 334.

[144] He H. What Drives The Skill Premium: Technological Change or Demo-
graphic Variation, European Economic Review, Vol. 56, 2012, pp. 1546 – 1572.

[145] Helpman E. , Melitz M. J. , Yeaple S. R. Export Versus FDI with
Heterogeneous Firms, THE American Economic Review, Vol. 03, 2004, pp. 300 –
316.

[146] Hendel I. , Shapiro J. , Willen P. Educational Opportunity and In-
come Inequality, Journal of Public Economics , Vol. 89, 2005, pp. 841 – 870.

[147] Ingram B. F. , Neumann G. R. The Returns to Skill, Labour Eco-
nomics, Vol. 13, 2006, pp. 35 – 59.

[148] Juhn C. , Murphy K. M. , Pierce B. Wage Inequality and the Rise in
Returns to Skill, Journal of Political Economy, Vol. 101, 1993, pp. 410 – 442.

[149] Katz L. F. , Murphy M. K. , Changes in Relative Wages, 1963 –
1987: Supply and Demand Factors, The Quarterly Journal of Economics,
Vol. 01, 1992, pp: 35 – 78.

[150] Kiley M. T. The Supply of Skilled Labour and Skill-Biased Techno-
logical Progress, The Economic Journal, Vol. 109, 1999, pp. 708 – 724.

[151] Klein M. W. , Moser C. , Urban D. M. Exporting, Skills and Wage
Inequality, Labour Economics, Vol. 25, 2013, pp. 76 – 85.

[152] Kreickemeier U. , Nelson D. Fair Wages, Unemployment and
Technological Change in A Global Economy, Journal of International Economics,
Vol. 70, 2006, pp. 451 – 469.

[153] Krugman P. R. Technology, Trade and Factor Prices, Journal of In-

ternational Economics, Vol. 50, 2000, pp. 51 – 71.

[154] Krusell P. , Ohanian L. E. , Ríos-Rull José-Víctor. , Violante G. L. Capital Skill Complementarity and Inequality: A Macroeconomic Analysis, Econometrica, Vol. 68, 2000, pp. 1029 – 1054.

[155] Lang K. , Kahn S. The Effect of Minimum-Wage Laws on The Distribution of Employment: Theory and Evidence, Journal of Public Economics, Vol. 69, 1998, pp. 67 – 82.

[156] Leamer E. E. Wage Inequality from International Competition and Technological Change: Theory and Country Experience, American Economic Association, Vol. 05, 1996, pp. 309 – 314.

[157] Lee D. S. Wage Inequality in the United States during the 1980s: Rising Dispersion or Falling Minimum Wage? The Quarterly Journal of Economics, Vol. 14, 1999, pp. 977 – 1023.

[158] Lucas R. E. On The Mechanics of Economic Development, Journal of Monetary Economics, Vol. 22, 1988, pp. 3 – 42.

[159] Magalhães M. , Hellström C. Technology Diffusion and Its Effects on Social Inequalities, Journal of Macroeconomics, Vol. 37, 2013, pp. 299 – 313.

[160] Manufacturing, Philippine Institute for Development Studies, Discussion Paper Series, No. 25, 2013.

[161] Mincer Jacob. Schooling, Experience and Earnings, New York: National Bureau of Economic Research, 1974.

[162] Mollick A. V. , Ibarra-Salazar J. Productivity Effects on the Wage Premium of Mexican Maquiladoras, Economic Development Quarterly, Vol. 03, 2013, pp. 1 – 14.

[163] Mollick A. V. , Ibarra-Salazar J. Productivity Effects on the Wage Premium of Mexican Maquiladoras, Economic Development Quarterly, Vol. 16, 2013, pp. 1 – 13.

[164] Monte F. Skill Bias, Trade, and Wage Dispersion, Journal of International Economics, Vol. 83, 2011, pp. 202 – 218.

[165] Moro A. The Effect of Statistical Discrimination on Black-white

Wage Inequality: Estimating a Model with Multiple Equilibria, International Economic Review, Vol. 44, 2003, pp. 467 – 500.

[166] Munch J. R. , Skaksen J. R. Human Capital and Wages in Exporting Firms, Journal of International Economics, Vol. 75, 2008, pp. 363 – 372.

[167] Parro F. Capital-Skill Complementarity and the Skill Premium in a Quantitative Model of Trade, American Economic Journal: Macroeconomics, Vol. 05, 2013, pp. 72 – 117.

[168] Pourpourides P. M. Implicit Contracts and the Cyclicality of The Skill-premium, Journal of Economic Dynamics & Control, Vol. 35, 2011, pp. 963 – 979.

[169] Rattsø J. , Stokke H. E. Trade, Skill Biased Technical Change and Wage Inequality in South Africa, Review of International Economics, Vol. 21, 2013, pp. 419 – 431.

[170] Rebitzer J. B. , Taylor L. J. The Consequences of Minimum Wage Laws: Some New Theoretical Ideas, Journal of Public Economics, Vol. 56, 1995, pp. 245 – 255.

[171] Reshef A. Is Technological Change Biased Towards the Unskilled in Services? An Empirical Investigation, Review of Economic Dynamics, Vol. 16, 2013, pp. 312 – 331.

[172] Robertson R. Relative Prices and Wage Inequality: Evidence From Mexico, Journal of International Economics, Vol. 64, 2004, pp. 387 – 409.

[173] Rojas G. M. Skill Premia in Mexico: Demand and Supply Factors, Applied Economics Letters, Vol. 13, 2006, pp. 917 – 924.

[174] Saint-Paul. G. Economic Integration, Factor Mobility, and Wage Convergence, International Tax and Public Finance, Vol. 04, 1997, pp. 291 – 306.

[175] Samuelson P. A. Where Ricardo and Mill Rebut and Confirm Arguments of Mainstream Economists Supporting Globalization, Journal of Economic Perspectives, Vol. 18, 2014, pp. 135 – 146.

[176] Schultz T. W. Investment in Human Capital, The American Economic Review, Vol. 51, 1961, pp. 1 – 17.

［177］Slonimczyk F. , Skott P. Employment and Distribution Effects of the Minimum Wage, Journal of Economic Behavior & Organization, Vol. 84, 2012, pp. 245 – 264.

［178］Spence M. Job Market Signaling, The Quarterly Journal of Economics, Vol. 03, 1973, pp. 355 – 374.

［179］Spence M. Signaling in Retrospect and the Informational Structure of Markets, The American Economic Review, Vol. 03, 2002, pp. 434 – 459.

［180］Thoening M. , Verdier T. A Theory of Defensive Skill-Biased Innovation and Globalization, The American Economic Review, Vol. 93, 2003, pp. 709 – 728.

［181］Vannoorenberghe G. Trade Between Symmetric Countries, Heterogeneous Firms, and The Skill Premium, Canadian Journal of Economics, Vol. 44, 2011, pp. 148 – 170.

［182］Verhoogen E. A. Trade, Quality Upgrading, and Wage Inequality in The Mexican Manufacturing Sector, The Quarterly Journal of Economics, Vol. 05, 2008, pp. 490 – 511.

［183］Wood A. How Trade Hurt Unskilled Workers, The Journal of Economic Perspectives, Vol. 03, 1995, pp. 57 – 80.

［184］Wood A. Openness and Wage Inequality in Developing Countries: The Latin American Challenge to East Asian Conventional Wisdom, The World Bank Economic Review, Vol. 01, 1997, pp. 33 – 57.

［185］Xu B. , Li W. Trade, Technology, and China's Rising Skill Demand, Economics of Transition, Vol. 16, 2008, pp. 59 – 84.

［186］Yeaple S. R. A Simple Model of Firm Heterogeneity, International Trade, and Wages, Journal of International Economics , Vol. 65, 2005, pp. 1 – 20.

［187］Zavodny M. The Effect of The Minimum Wage on Employment and Hours, Labour Economics, Vol. 07, 2000, pp. 729 – 750.

［188］Zhu S. C. , Trefler D. Trade and Inequality in Developing Countries: A General Equilibrium Analysis, Journal of International Economics, Vol. 65, 2005, pp. 21 – 48.